KB200121

응답 없음에 지쳐 있는 당신에게

그래도, 기도는 힘이 세다!

그래도, 기도는 힘이 세다!

지은이 | 강정훈
초판 발행 | 2021. 9.15
3쇄 발행 | 2022. 1.27
등록번호 | 제1988-000080호
등록된 곳 | 서울특별시 용산구 서빙고로65길 38
발행처 | 사단법인 두란노서원
영업부 | 2078-3352   FAX | 080-749-3705
출판부 | 2078-3331

책값은 뒤표지에 있습니다.
ISBN 978-89-531-4066-0 03230

독자의 의견을 기다립니다.
tpress@duranno.com   www.duranno.com

두란노서원은 바울 사도가 3차 전도여행 때 에베소에서 성령 받은 제자들을 따로 세워 하나님의 말씀으로 양육하던 장소입니다. 사도행전 19장 8~20절의 정신에 따라 첫째 목회자를 돕는 사역과 평신도를 훈련시키는 사역, 둘째 세계선교(TIM)와 문서선교(단행본·잡지) 사역, 셋째 예수문화 및 경배와 찬양 사역, 그리고 가정·상담 사역 등을 감당하고 있습니다. 1980년 12월 22일에 창립된 두란노서원은 주님 오실 때까지 이 사역들을 계속할 것입니다.

응답 없음에 지쳐 있는 당신에게

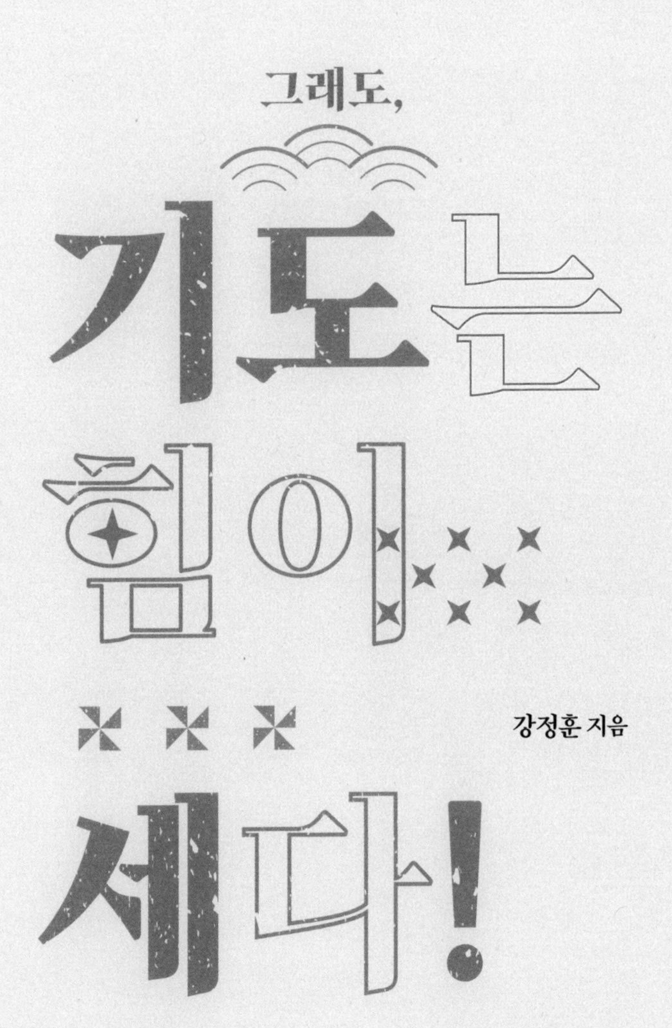

강정훈 지음

프롤로그

“기도에 상처를 받았던 사람들에게 전하는 기도 필살기”

나는 기도에 상처가 있는 목사다

기도에 관한 책을 쓰는 데 많이도 망설였다. 나는 기도에 상처가 있는 목사이기 때문이다. 아내가 중병으로 5년을 견디다 병원에서도 포기 상태에 이르렀을 때 마지막 심정으로 20일 금식 기도를 시작했다. 정한 금식 기간은 기도원과 교회를 오가며 주일 설교도 감당하면서 죽을 힘으로 버티고 무사히 끝냈다.

당연히 내 기도 노동에 대한 하나님의 보상이 주어지리라 기대했다. 그래서 하박국처럼 하나님 앞에서 응답을 기다렸다. 어떻게 대답하실는지 보리라….

- 내가 내 파수하는 곳에 서며 성루에 서리라 그가 내게 무엇이라 말씀하실는지 기다리고 바라보며 나의 질문에 대하여 어떻게 대답하실는지 보리라 하였더니 합 2:1

하박국의 기도에는 하나님의 ‘대답’이 있었는데, 내 기도에는

'대답'이 없었다. 기다리라고 하시든지, 공연히 고생만 했다고 뭔가 사인이라도 주셨다면 기대를 하지 않았을 텐데, 20일, 40일 금식 기도만 하면 뭔가 해법이 나타난다는 간증류에 너무 익숙해 있었던 시대였기에 나도 대단한 기도 응답을 기다렸다. 그러나 내가 원했던 기도는 응답되지 않았다.

'그러면 20일 동안 기도하면서 내 마음에 자리를 잡았던 확신은 무엇이었을까?'

황당했다. 무응답은 나 혼자만의 문제가 아니었다. 내 뒤에는 우리 교회 성도들의 기도도 있었다. 그분들도 담임 목사 가정을 위해 130일 동안 릴레이 금식 기도를 했다. 나만큼이나 기도의 응답, 기적을 기대했다. "막노동과 같은 금식 기도로 수고했으니 하나님이 좋은 결과를 주실 것이다. 그래서 반전의 역사로 우리 교회는 부흥한다"며 모두 기대했지만, 아무 일도 일어나지 않았다.

아니, 사실 아무 일도 일어나지 않은 것은 아니다. 그 반대의 일이 일어났다. 내 인생에서 처음으로 해 본 20일 금식 기도는 찬란한 간증거리가 되지 못한 채 낙과가 되고 말았다. 성도들의 릴레이 금식 기도도 내 기도와 함께 기도의 낙과 더미가 되었다. 효과도 없이 끝나 버린 20일 금식, 130일 릴레이 금식이 창피하고 허전하고 억울했다.

그 일로 나는 기도에 크게 상처를 받았다. 기도에 대한 신학이 사라진 것이 아니라, 기도에 관한 열정이 없어져 버렸다. 형식에 매여 의례적인 기도 생활은 했지만, 하나님께 간절히 매달리는 진솔한 기도는 우러나오지 않았다. 기도가 준 상처는 오래갔다. 다행히 세월이 흐르면서 그 상처는 서서히 치료되었는데, 상흔은 내밀한 어딘가에 숨어 있다가 내 목회 현장에서 두고두고 나를 괴롭혔다. 일종의 기도 트라우마였을까.

교회를 개척하고 목회를 시작하던 때는 1980년대로, 1970년대에 이어 기도가 부흥하던 시절이다. 성도들은 새벽마다, 금요일 저녁마다 겁도 없이 밤을 새우면서 기도했다. 기도원들이 세워졌고 부르짖는 성도들로 가득 찼다. 한국 교회의 부흥은 기도가 이끌어 갔다. 기도에 능력 있는 목사들은 신령한 목회자의 사표(師表)처럼 되었다. 그래서 목회자가 기도에 상처를 받았다는 고백은 어디에도 내놓을 만한 이야기가 못 되었다. 그런 고백은 목회자들에게는 자해와 같은 것이다. 지금도 그런 생각이 크게 달라지지는 않았다.

그때 내 나이 40대 초반이었다. 아내와 시작한 개척 교회는 좋은 성도들을 만나 2층 상가에서 시작하여 3층, 4층을 모두 사용할 만큼 부흥했다. 나도 덩달아 열정적인 목회자로 변모해 갔다. "이렇게 가면 '성공한 목회자'의 반열에 오르게 될 것이다." 그렇게 자신했다. 그러다가 복병처럼 기도의 상처를 만났다. 기도가 컸던 만큼 기도의 상처도 컸고, 기도가 깊었던 만큼 기도의 상처도 깊었다. 기도의 가시에 찔려 기도만 하면 옛날 생각이 떠오르고 많이 아팠다. 그래서 기도는 점점 공적 기도에 한하게 되었고 사적인 기도의 영역은 좁아질 수밖에 없었다.

그렇게 몇 년이 흘렀다. 다행히도 성도들은 내가 기도에 상처를 받았다는 사실을 알아차리지 못했다. 나는 여전히 기도했고, 여전히 철야를 했고, 여전히 사랑을 받았다. 성도들과 함께 기도원도 다녔다. 그렇게 기도 모양은 갖추었지만, 내 기도가 하나님의 보좌까지 솟아오르기에는 뭔가 역부족이었다. 기도가 미사일이 되지 못하고 오발탄이 된 느낌이었다.

기도의 상처가 아물게 된 것은, 흔한 결론이지만 다시 기도를 시작하면서다. 미국의 심리학자인 윌리엄 제임스(William James)는 "우리는 기도할 수밖에 없기에 기도할 뿐이다"라고 말한다. 그랬다. 내 삶 자체가, 목회 자체가 기도하지 않을 수가 없었다. 기도하지 않으면 하루하루가 힘들었고 버거웠다. 그래서 다시 기도 줄을 잡았다. 사방에 아프고 힘들고 지친 성도들을 위해 기도 사역을 계속해 나갔다. 내 기도를 통해 성도들은 위로를 받았고, 힘을 얻었고, 치료를 받았다.

나는 비록 하나님께 상처 난 사람의 기도를 드렸지만, 하나님은 예수님의 이름으로 그 기도를 받으셨고 열매들이 나타났다. 그것이 재미가 있어 더 많이 기도했다. 그러다 어느새 나도 모르게 원래의 기도자로 돌아와 있는 것을 발견했다. 그러면서 한 가지를 깨달았다. 기도로부터 온 상처는 기도로 치유를 받아야 한다는 것을.

기도의 상처는 어느 것으로도 치료되지 않는다. 말씀을 읽고 찬송을 해도 내면은 치료를 받지만 기도 자체는 회복되지 않았다. 그래서 은혜가 되든, 되지 않든 계속 엎드리고 기도했다. 그러다 보니 조금씩 기도가 돌아왔다. 기도의 상처가 아물어 가고 응답 실패의 상흔도 희미해져 갔다. 결과적으로, 지난 세월을 기도와 함께 목회하게 되어 참 기쁘다. 그래서 이 책은 기도에 상처를 받았던 사람이 쓴 기도 필살기에 해당한다.

기도의 방법이 아니라 목적이 문제다

한국 교회에서 가장 많이 팔리는 책은 기도에 관한 서적이다. 《야베스의 기도》(디모데, 2001), 《하나님의 보좌를 움직이는 기도》(국민일보, 1997), 《기도의 능력》 등은 오래전에 출간되었음에도 불구하고 아직도 사람들의 손에서 읽히고 있는 베스트셀러다. 그만큼 한국 교회는 기도의 중요성을 알고, 기도를 많이 한다. 기도의 중요성은 아무리 강조해도 넘치지 않는다. 기도의 크기가 교회의 크기요, 목사의 크기, 중직자의 크기, 신자의 크기다. 그래서 혹자는 "기독교는 기도교다"라고 말한다. '기독교 역사는 기도의 역사'라는 의미가 담긴 말이다.

요즘은 다르다. 기도의 중요성에 대해 말하는 신자들은 많지만, 정작 기도하여 능력을 체험하는 그리스도인들은 줄어들고 있다. 한국 교회의 기도 열정이 식어 가고 있다. 한국 갤럽 조사에 의하면, "하루 1회 이상 기도한다"는 응답자는 2014년까지 50퍼센트 이상이던 것에서 2021년에는 37퍼센트로 급감했다. 코로나19 이후 종교 모임과 행사 금지 조치 여파와 무관하지 않아 보인다.

D. A. 카슨(D. A. Carson)은 "서구 교회의 두드러진 특징 가운데 하나는 기도가 없는 것이다"라는 말로 기도를 놓아 버린 유럽 교회를 비판한다. 이는 지금 우리의 처지와도 같다. 기도하는 성도들보다 기도가 없는 성도들의 비율이 훨씬 높아지고, 기도의 대물림도 끊기고 있다.

왜 그럴까? 일단은 대한민국이 먹고 살 만하기 때문이다. "무엇을 먹을까" "무엇을 마실까" "무엇을 입을까"에 관한(마 6:25), 즉 먹거리와 안보, 건강에 대한 염려 거리가 있어야 기도하는데 1인당 국내총생산(GDP)이 3만 달러가 넘는 경제 대국(세계 10위, 2021 한국은행)이 되면서 기도 줄이 느슨해졌다. 핵을 소유했을 북한이 코앞에 있음에도 '우리가 남이가?' 하며 긴장을 풀고, 건강은 병원이 책임지고, 노후는 국가의 의료 제도가 맡아서 돌보아 준다. 굳이 기도하지 않아도 살 만하니 기도하지 않는 것이다.

사무엘은 기도하지 않는 자체가 죄라고 했다(삼상 12:23). 죄목이 '기도하기를 쉬는 죄'다. 물론 사무엘이 말한 죄는 개인적인 기도 생활의 나태함보다는 새로운 국가 건설과 리더십의 전환을 맞이하여 민족 공동체를 위한 기도의 중요성에 초점을 두고 있다. 하지만 기도를 쉬면 마음속이 죄의 바이러스에 오염된다. 기도는 목표 달성의 수단보다는 삶을 정결하게 하는 신앙의 우슬초다.

내가 기도에 상처를 받았던 것은 내가 바라던 응답의 실패로 기도관이 어느 한쪽으로 몰려 버렸기 때문이다. 바른 기도관이 정립되어야 바른 기도자가 되고 바른 기도가 나오는데, 나는 조급한 나머지 '소원 성취형 기도'에만 사생결단해 버렸다.

사전적으로 '기도'는 '초월자에게 소원을 아룀' '신에게 부탁드림'이라는 의미를 지닌다. 내 힘으로는 이룰 수 없는 것들, 마음의 불안과 초조함 등에 대해 신이라는 초월자에게 잘되게 해 달라고, 편안하게 해 달라고 간청, 간구, 부탁하는 것이다.

여기서 '하나님'과 '나'라는 쌍방에서 거래가 성립된다. 하나님이 이래저래 해 주시면 나도 하나님을 위해 이래저래 해 드리겠다, 내가 이래저래 할 테니 하나님도 이래저래 내가 원하는 기도 내용대로 보상해 달라는 기도다. 하나님과 소위 딜(deal)을 하는 모양새다. 빅 딜(big deal)인 경우도 있고, 소소한 것을 놓고 딜하는 경우도 있다. 이것이 목적성 기도 유형으로 '소원 성취 기도관'이다.

이에 비해 '윤리적 기도'는 종교 윤리형 기도다. 히브리어로 기도는 '히트파레르'다. '맑은 물에 자신의 얼굴을 비추어 보다'라는 뜻이다. 고대 히브리인들은 잔잔한 물을 통해 기도를 배웠다. 유대인들에게 기도는 '하나님이라는 절대자의 맑은 거울에 때 묻은 자신의 모습을 비추어 보는 행위'였다. 유럽인도 같은 기도관을 갖고 있다. '하루 동안 내 행위가 얼마나 맑았는가, 혹시 흙탕물이었는가?' 하며 하나님의 맑은 물에 스스로를 비추어 보는 자기 성찰의 시간이 기도 시간이다.

랍비인 엘리에셀 벤 힐카누스(Eliezer ben Hurcanus)가 침상에서 죽음을 맞이할 때 제자들에게 준 마지막 말은 이것이다.

"너희들이 기도할 때 어느 분 앞에 서 있는지를 기억해야 한다."*

우리는 바리새파에 부정적 이미지가 강하다. 그러나 바리새인들은 율법을 잘 알았고 율법을 지키려고 구제와 기도, 금식 등과 같은 경건의 모습에 충실했다. 사두개인들과는 달리 오히려 존경받는 부류였다. 그들의 기도는 무엇을 얻어 내기 위함보다는 율법을 준수하는 삶을 살게 해 달라는 간구였다. 그들은 어느 정도의 재산을 소유하고 있어 먹고살 만한 사람들이었다. 그래서 소원 성

* 켄 가이어, 《주님을 만나는 기쁨》(디모데, 1999).

취보다는 윤리 지향의 기도에 치중하게 되었다.

소원 성취형 기도와 윤리적 기도로 중용(中庸)을 이루는 기도가 '관계적 기도관'이다. 관계적 기도는 하나님을 목적을 얻어 내는 지렛대로 여기는 것이 아니라, 하나님과의 친밀한 관계를 우선한다. 기도는 거래가 아니라 하나님에 대한 의존이다. 그런 그들에게 기도 시간은 "내 기도하는 그 시간 그때가 가장 즐겁다"라는 찬송가 가사처럼 친밀의 시간이다(새찬송가 364장).

기도를 중도에 포기하는 이유는 기도를 '목적을 이루기 위한 수단'으로 생각하기에, 응답받지 못하면 실망해 버리기 때문이다. 이런 기도 생활에서 하나님이 하실 일은 간단하다. 기도의 대상이신 하나님과의 관계가 약하기에 하나님의 뜻을 알려고도 하지 않고, 응답의 시기도 내가 정해 놓았고, 응답의 내용까지도 내가 목록을 작성한다. 하나님은 내가 원하는 대로 이루어 주시면 되는 것이다. 내 기도대로만 응답해 달라는 것이다. 그래서 응답이 되면 하나님을 찬양하지만, 응답된 비결은 '내 기도'에 있다. 내 기도에는 새벽기도, 철야 기도, 금식 기도, 기도원 기도, 백일 기도, 일천번제 기도 등이 있는데, 이는 성공 마크들로 기도의 경력을 빛나게 해 준다. 내가 기도에 상처를 받고 만 까닭은 부끄럽지만 바로 관계적 기도를 놓쳤기 때문이다.

세 유형의 기도는 상황에 따라 모두 필요하다. 그러나 기도의 맛을 알고 하나님과 친밀한 관계를 유지하면서 성령으로 충만해지는 삶을 살려면 거래성보다 관계성에 치중해야 한다. 관계가 잘 이루어지면 목소리를 높이지 않아도 하나님이 어련히 알아서 주신다. 기도를 잘못 배우게 되면 하나님과 매번 거래만 하려 든다.

믿음의 계기판을 점검하는 계기가 되기를

기도 시간은 믿음의 계기판을 점검하는 시간이다. 기도 시간을 통해 언제나 하나님과의 관계를 점검해 보게 된다. 하나님은 '내가 어떤 일을 하고 있느냐?'보다 '내가 누구냐? 어떤 사람이냐?'에 관심이 더 있으시다. 하나님의 관심과 기대를 기도로 이루어 갈 수 있다. 하나님의 마음에만 든다면 응답은 당연히 온다.

그렇다고 목적성 기도를 무시하는 것은 아니다. 내 힘으로 안 되는 일은 성취를 목적으로 간절히 기도해야 한다. 새벽 기도, 철야 기도, 금식 기도, 기도원 기도 등을 통해 간절히 구해야 한다. 그러면 응답도 받지만 기도의 능력을 얻고 강력한 그리스도인으로 성장하게 된다.

이제 기도하는 성경 인물들을 만나게 될 것이다. 기도 렌즈로 성경을 보면 성경은 기도 책이다. 그만큼 성경 인물들은 비록 하자 인생이지만 기도 필살기로 상황을 극복한 하나님의 친백성들이다. 이제나 그제나 약자들에게는 역시 기도가 가장 강한 힘이고 문제를 해결하는 비법이라는 사실을 그들을 통해 더욱 실감하게 된다.

성경 인물들을 통해서 다양한 기도 방식들을 배우고 그들의 기도 응답을 누리면서 풍성한 그리스도인의 삶을 살면 좋겠다. 죽기살기로 기도했지만 무응답으로 기도에 상처를 입고 기도 줄을 놓았던 분들도 성경 인물들의 기도 필살기를 통해서 기도 미사일을 재장착하는 계기가 되기를 바란다.

40여 년을 함께해 주신 늘빛교회 성도님들이 없었다면 나도 없었고, 이 책도 없었을 것이다. 그분들에 대한 고마움을 여기에 기록해 둔다.

2021년 9월

강정훈

목차

1장

세상을 향해 하나님의 복을 기원하다:

제사장의 축원 기도(민 6:22-27)

한국인은 복에 대해 유별나다. 대문에도, 기둥에도, 베개에도, 하다못해 숟가락에도 '복'(福)을 새긴다. 그만큼 복에 대한 집착이 강하다. 부모들은 수저를 흔들어도 복이 날아가고, 다리를 떨어도 복이 떠나고, 밥알을 흘려도 복을 흘린다며 자녀들에게 주의를 시킨다. 우리 민족이 얼마나 복과 밀접하게 생활하고 있는가를 보여주는 풍속이다.

한국인에게 복은 밑바닥에서 움직이는 에너지다. 복을 비는 부모에게서 태어나 복을 비는 부모와 함께 복을 빌며 살다 좋은 내세로 가는 복을 달라며 눈을 감는다. 한국 교회 신자들도 이런 범위에서 크게 벗어나지 못한다. 정초가 되면 '축복 대성회'를 열고 복을 받기 위해 애를 쓴다. 복을 위해 금식한다. 복을 받는 일이라면 결사적이다. 그런데도 정작 '나는 지지리 복도 없다'는 생각을 한다.

'복'이라는 말은 매력적이면서도 쉽게 마음을 주지 않는 깍쟁이다. 복은 잡은 줄 알면 달아나 버리고, 포기하려면 앞에서 알짱거리는 잠자리 같은 것이다. 그렇기에 복은 잡는 사람에게는 보물단지이지만 놓친 사람에게는 평생 짝사랑만 하다 끝난 애물단지가 된다.

한국인들이 복을 간절히 구하면서도 '복 있는 사람'이 되지 못하는 까닭은 번지수를 잘못 짚고 있기 때문이다. 복을 구함에 있어 대체로 다음의 항목에서 문제가 있다.

- 대상: 하나님이 아니라 비인격적인 대상들에게서 복을 구한다.
- 수단: 주문(기도)이나 정성을 조건으로 내세운다.
- 목적: 자기중심적이다. 복의 통로가 되려고 생각하지 않는다.

유대인에게도 복은 항상 1등 인기 품목이다. 150편의 시편을 편집하면서 복을 가장 앞자리 순위에 배치한 것만 봐도 알 수 있다. 구약 성경에는 복에 관한 이야기가 넘쳐 난다. 가나안을 말할 때도 '젖과 꿀이 흐르는 땅'으로 표현하는데, 물질의 복에 대한 기대감이 차 있다.

유대인이 우리와 다른 점은, 그들은 복에 관한 사항들을 일찍부터 제대로 알았다는 것이다. 물론 하나님의 계시요 은혜다. 유대인은 복의 주체를 정확하게 알았다.

누가 복을 주시는가? 오직 여호와 하나님이시다. 제사장들의 축원에서 이를 찾아볼 수 있다.

● 여호와는 네게 복을 주시고 너를 지키시기를 원하며 민 6:24

여호와께서는 만복의 근원이시다. 천지를 창조하시고 통치하시는 분이다. 여호와의 손에 길흉화복(吉凶禍福)이 모두 있다. 그분은 복의 주관자가 되신다. 이스라엘 백성은 복의 샘에 파이프를 대기에 복민(福民)이 되는 것이다.

유대인은 복의 통로도 알았다. 누구를 통해 복이 선언되는가? 유대 백성에게 내리는 축복은 제사장 자신의 권위에 기초하지 않고, 복의 근원이신 하나님의 권위에 의한다. 그런 까닭에 제사장은 축복을 선언할 때마다 "여호와는…"이란 말을 전제한 후 각종 축언(祝言)을 했다(민 6:23). 따라서 제사장의 축복권은 하나님이 위임하신 그 특별한 권위에 전적으로 의존하고, 나아가 그 권위로 말미암아 그 축복의 내용이 의미를 가진다고 볼 수 있다. 후일 유대 랍비들은 다음과 같은 경고를 들려주었다.

> "당신은 행여 '이 초라한 제사장이 나에게 무슨 축복을 베풀 수 있겠는가?'라는 말을 하지 말라. 왜냐하면 당신에게 복을 주시는 자는 그 제사장이 아니라, 그 제사장을 통해 말씀하시는 거룩하신 하나님이시기 때문이다."*

---

* 《매튜 헨리 주석》(CH북스, 2009), 《호크마 주석》(기독지혜사, 2013).

제사장은 자신이 하나님의 복을 전달하는 매개체가 된다는 사실을 알았다. 그래서 유대인에게 제사장은 하나님께로 나아가는 거의 유일한 통로였다. 그만큼 존경하고 신뢰했다. 모세는 제사장들을 세우면서 백성에게 빌어 줄 진실한 축복 기도(기원)를 전달했다. 그 구체적인 내용은 무엇인가?

보호해 주시는 참 복을 기원하다

이스라엘은 가나안 입성을 목전에 두었다. 가나안 땅에서의 축복은 장수하고, 부자가 되고, 땅을 많이 차지하는 것이다. 제사장은 그런 축복을 전해야 백성들이 좋아할 것을 알았다. 그런데도 하나님은 물질의 복 이전에 '하나님의 보호의 복'을 먼저 말씀하셨다.

이스라엘은 적으로 둘러싸였다. 지지 기반이 없는 땅에서 원주민들과 싸워 생존해야 했다. 복을 받아도 지켜 내지 못하면 다른 복도 별 소용없다. 이런 상황에서 모세는 하나님이 보호해 주시는 참 복을 기원하라고 했다(민 6:24). 그래서 유대인은 시편 127편을 암송하며 살아왔다.

● 여호와께서 집을 세우지 아니하시면 세우는 자의 수고가 헛되며 시 127:1

이스라엘 백성에게는 안전을 지켜 주시는 여호와의 복, 졸지도 주무시지도 않으면서 지켜 주신다는 '임마누엘의 복'이 가장 우선되어야 할 1순위의 복이었다.

랍비 시몬 벤 요하이(Shimon ben Yohai)의 제자가 외국에서 부자가 되어 돌아오자 다른 제자들이 질투했다. 랍비는 제자들을 데리고 골짜기로 갔다. 하나님께 간절히 기도한 후에 외쳤다.

"골짜기여, 골짜기여, 금화로 가득 차 흘러라!"

골짜기는 갑자기 금화 덩어리들로 눈이 부시게 빛났다. 랍비는 제자들에게 말했다.

"돈이 탐나면 갖고 떠나라. 그러나 이 돈을 갖는 사람은 하나님이 지켜 주지 않으신다."

그러자 아무도 자리에서 움직이지 않았다.

돈을 벌어도 하나님이 지켜 주지 않으시면 꽝이다. 이런 생각이 유대인들로 하여금 하나님께 올인하게 했고, 인재 대국이자 1등 국민이 되게 한 것이다. 몇 년 된 통계이지만, 세계 100대 부자 중에 23명이 유대인이라고 한다.

한국 교회도 이제는 성경적 복관을 가질 때가 되었다. 최고의 복은 '하나님이 나와 함께하신다'라는 '임마누엘의 복'이다. 아무리 많이 가졌다 해도 하나님이 보호해 주지 않으시면 바람에 나는 겨와 같다. 재물은 남들보다 못 받아도 임마누엘, 하나님의 보호라는 최고의 복을 받았다는 자부심이 행복 지수다. 우리도 "우리를 보호해 주소서"라는 보호막의 복을 구해야 한다.

은혜의 삶을 기원하다

제사장들이 기원하고 백성들이 간절히 구할 제2의 복은 '은혜를 누리는 복'이다. 은혜는 내 행동에 따라 조치하지 않으시는 하나님의 호의다. 은혜를 받으면 모든 것을 좋은 마음으로 좋게 해석하며 산다. 항상 눈동자에 사랑의 렌즈가 끼어 있다. 그러니 모두 사랑스럽게 보이고, 그들에게 내가 사랑을 받으매 즐겁고 행복하다. 이것이 얼마나 큰 복인가.

이스라엘은 선민이다. 때로는 하나님의 선택에 오히려 힘들었다. 음식에도, 안식일에도, 복장에도, 사교에도, 결혼생활에도 제재가 많았고 애로가 많았다. 선민 자체는 사실 행복의 조건이 아니라, 불편한 신분이다. 그러나 히브리인들은 말로 다할 수 없는 시련들을 선민이기에 당하는 축복으로 알고 감사했다. 하나님의 은혜다. 그래서 이런 은혜의 복을 구하라고 말한다.

● 여호와는 그의 얼굴을 네게 비추사 은혜 베푸시기를 원하며 민 6:25

우리도 기도할 때 은혜의 복을 사모해야 한다. 하나님의 은혜를 생각하면 눈물이 나오고, 감동이 되고, 감사가 되고…. 이런 은혜 안에 머물러 사는 자가 복을 받은 사람이고, 행복 자체다. 그래서 바울은 서신 말미에 "너희 중에 하나님의 은혜가 있을지어다"라고 늘 기원했다(고후 13:13; 갈 6:18; 엡 6:24; 빌 4:23 등).

신앙은 은혜의 생활이다. 은혜가 떠나면 억지가 되고, 그처럼 힘든 일이 없다. 성경은 알아도 은혜가 없으면 비판자가 되기 쉽고 마음이 냉랭해지고 만다. 아는 것만큼 힘이 되는 것이 아니라 짐이 된다. 항상 하나님께 구할 기도 제목은 은혜의 복이다. 같은 설교를 들어도 은혜가 있고 없고는 현저한 차이가 있다. 은혜가 없는 사람은 은혜를 받은 것이 없기에 남에게도 은혜를 끼치지 못한다. 교회생활에 무슨 재미가 있고 즐거움이 있을까.

“젖소는 물을 마신 후에 그 물로 아름다운 젖을 만든다. 뱀은 물을 마신 후 그 물로 독을 만든다”라는 유럽인의 격언이 있다. 은혜가 없으면 신앙생활이 엉망이 된다. 기독교 신앙의 종교화, 비(非)은혜 교인이 바리새인이다. 이런 자리에 머물지 않도록 은혜가 자라나는 복된 그리스도인이 되는 것이 기도의 중심이어야 한다.

평안과 평화를 기원하다

이스라엘은 국가의 수도를 예루살렘이라 명했다. ‘살렘의 도시’ ‘평화-평안의 도시’다. 평강은 마음의 평화요, 행복 지수다. 하나님이 지켜 주시고 은혜를 주시니 하나님의 사랑 안에 살 수 있다는 자부심에 마음이 평안했다. 그래서 제사장들은 이런 복을 기원했다.

- 여호와는 그 얼굴을 네게로 향하여 드사 평강 주시기를 원하노라 민 6:26

유대인에게 최고의 평강은 ‘하나님이 얼굴을 내게로 향해 주시는 것’이다. 여기에서 ‘향하여 드사’라는 말은 ‘열정적으로 바라보시다’ ‘계속해서 주시하시다’라는 뜻이다. 하나님이 ‘지속적인 관심과 사랑을 베풀어 주시다’라는 의미다. 평강은 안전, 행복, 건강, 번창, 평안, 우정 등이다. 그렇기에 평강은 모든 기쁨과 복의 근원이신 하나님에게서 나오는 축복의 결정체다.

하나님은 평화를 선포한 것으로 그치지 않으시고 ‘평화의 실체’이신 예수 그리스도를 이 땅에 보내사 죄와 불의를 멸하시고, 그분을 영접하는 이들에게 참 평강을 맛보게 하셨다(행 10:36; 골 1:20). 이처럼 하나님의 관심 대상이 되면 하나님의 돌보심으로 그 어떤 위협과 도전도 능히 극복할 수 있으며, 아울러 참 기쁨과 평안을 누리게 된다. 위대한 복음 전도자 빌리 그레이엄(Billy Graham) 목사는 "기도가 생활 속에 녹아들어야 삶의 문제들이 해결되면서 평화를 누릴 수 있다"고 역설했다.

우리는 하나님을 바라보는 것이 아니라 세상을 보기에 평안의 복을 잃게 된다. 살면서 분통 터질 일이 많다. 그때마다 부글부글 끓는 김을 빼야 한다. 화를 빼는 방법은 하나님을 바라보고 모든 것을 쏟아 버리는 것이다. 그때 참 평안이 온다. 그런 사람이 복된 사람이다.

사도 베드로는 성도의 신분이 '왕 같은 제사장'이라고 했다(벧전 2:9). 예수 그리스도 안에서 달라진 신분이다. 왕 같은 제사장 신분은 종교적인 언어 구사로 끝나는 것이 아니라, 삶에서 강력한 에너지가 되어야 한다. 그래서 우리도 세상을 향해 축복의 언어를 구사해야 한다. 축원해야 한다. 때로는 명령해야 한다.

구약의 축도는 아론과 그의 자손 제사장들을 통해 백성들에게 흘러갔지만, 신약에서는 영원한 왕이요 선지자요 대제사장이 되시는 예수 그리스도를 통해 성도들에게 흘러간다. 우리는 그 복의 수혜자로, 그 복을 세상에 전하는 축복의 통로가 되어야 한다. 우리는 힘이 센 기도를 하는 강한 그리스도인이다.

2장

소망 없는 인생에도 계획을 갖고 계신다:
아브라함의 제단 기도(창 12:1-9)

아브라함은 믿음의 조상이다. '조상'(祖上)이라는 단어도 좋지만, '선조'(先祖), 먼 윗대의 조상이라는 말도 괜찮은 것 같다. '원조'(元祖)라는 말도 좋다. 아브라함이 믿음에서 조상이요 선조요 원조가 되는 믿음의 '첫 대'이지만, 그렇다고 요란하게 믿음의 족적을 보인 것은 아니다.

아브라함의 생애에는 '믿음의 조상'다운 한 방이 없다. 기적도 없고, 후세에 남길 교훈도 없고, 성경도 한 권 남기지 않았다. 찬양도, 특별한 업적도 없다. 다만 빠른 걸음은 아니지만 매일매일 하나님과 함께 걸었던 그의 생애가 우리에게 믿음의 본이 된다.

아브라함의 믿음은 기도로 나타난다. 당시에는 믿음을 습득하고 성장시키고 표현할 방법은 기도가 유일했다. 그래서 그는 기도하며 하나님의 계시를 기대했고, 기도 중에 아니면 기도 후에 마음에 와 닿는 생각이 지침이 되어 계속 앞으로 나갔다. 그러면서 믿음이 성장했다. 아브라함은 기도와 함께 성장한 신앙인이다.

맡김의 기도, 경외의 제단을 쌓다

아브라함은 갈대아 우르에서 문명이 주는 혜택을 누리다 75세에 부르심을 받았다. 중간 유숙지 하란에서 가나안까지의 거리는 약 480km다. 우리나라의 서울 광화문에서 부산 시청까지의 거리가 456km인 것을 생각하면 얼마나 먼 거리인지 알 수 있다.

대장정에서 가장 큰 시련은 미래에 대한 불확실성이다. 하나님이 "가라"고 지시하신 땅은 불명확한 땅이었다. 그래서 그의 발걸음은 정착할 땅을 찾아 정처 없이 계속 남으로 이동해야만 했다. 그럴 때마다 흔들리는 걸음에 힘이 된 것은 제단(祭壇)이다. 가는 곳마다 제단을 쌓으며 하나님의 도우심을 구하는 삶을 살았다.

● 자기에게 나타나신 여호와께 그가 그곳에서 제단을 쌓고 … 그가 그곳에서 여호와께 제단을 쌓고 여호와의 이름을 부르더니 **창 12:7-8**

누구도 아닌, 오직 '여호와를 위하여' 쌓은 단이다. 영적인 맹지에서 부르시고 세겜까지 오게 하신 은혜에 감사하는 기도 제단, 감사의 제단이다.

기도 제단은 찬송과 기도가 있는 공(公) 예배다. '이름을 부르다'라는 말은 '이름을 불러 그에게 말을 걸다'라는 의미다. 하나님께 자신의 연약함과 무력함을 고백하며 기도와 감사를 드린다. 이런 경배가 있는 경외함이 여호와의 이름을 부르는 제단 예배로 나타난다. 아브라함이 여러 허물에도 "하나님의 벗"(사 41:8; 약 2:23)으로 성장할 수 있음은 기도 제단이 있었기 때문이다. 이렇게 아브라함은 가는 곳마다 제단을 쌓고 기도 흔적을 남겼다. 아브라함은 계속 기도로 나아갔고, 기도 제단으로 믿음은 성장을 거듭했다.

회개의 기도, 신뢰의 제단을 쌓다

아브라함은 처음부터 완벽한 믿음의 조상은 아니었다. 가나안에 들어온 지 얼마 되지 않아 기근이 들었다. 팔레스타인 가나안 지방은 지리적 여건상 우기와 건기가 뚜렷이 구분되어 대개 양력 10-11월에 비가 집중적으로 내린다. 이때 비가 적게 오면 다음 해에는 기근이 들게 마련인데, 가나안으로 이주한 아브라함에게 기근은 신앙과 인내를 시험하는 계기가 되었다.

아브라함은 아직 영적으로 어린 단계였다. 그래서 신앙의 단단함이 없었다. 여호와를 향한 믿음이 없다기보다는 '믿는 사람은 어느 선에서 어떻게 행동해야 할지' 그 행동 지침을 제대로 알지 못했다는 뜻이다. 그래서 자신의 상식선에서 판단해 애굽으로 내려갔다. 그의 최종 목적지인 예루살렘 지역보다 더 남쪽으로 내려간 것이다.

애굽은 나일강이라는 풍부한 수원이 있어 가뭄이나 그로 인한 기근을 거의 모르는 지역이다. 아브라함이 고향 메소포타미아로 돌아가지 아니하고 애굽으로 내려간 것은 나름 지혜로운 처신 같지만, 깊은 기도 후에 내린 결정으로는 보이지 않는다. 애굽은 성경에서 세속을 상징하는 나라, 하나님을 떠난 인간적 도움, 수단으로 묘사되고 있기 때문이다(사 31:1). 그렇기에 애굽행은 기도로 하나님의 뜻을 묻지 않은 경솔한 처사였다.

애굽에서는 기도 제단이 사라졌다. 내 잘못을 핑계하고, 남에게 전가했다. 온갖 망신을 당하고 다시 가나안으로 돌아와서 제단을 쌓았다. 아브라함은 제단에서 '여호와의 이름을 부르며' 기도했다(창 13:4). 애굽에서의 잘못을 회개하며 바르게 살겠다는 다짐의 회개 기도다. 너무 쉽게 애굽행을 택한 것에 대한 불신을 회개하는 기도다. 거짓말에 대해, 아내를 지켜 주지 못해서, 자신 때문에 애굽인들이 화를 당한 것에 대한 회개 기도다. 감사와 회개의 눈물이 있는 제단의 흔적이다.

한국 교회가 영적 힘을 상실한 것은 자기희생이라는 제단이 사라졌기 때문이다. 제단에서 오는 힘이 없기 때문이다. 예배의 힘이 약하고, 회개가 약하고, 자기희생이 약하기에 야성이 없다. 회개의 기도 제단이 회복되어야 한다. 뜨거운 회오의 눈물이 들어 있는 기도가 힘이 있다.

기도는 구하여 얻는 것만이 아니다. 기복 신앙이 나쁜 것은 아니지만, 기복주의는 좋지 않다. 기복주의에는 윤리가 없고 하나님의 뜻을 묻는 의지가 약하다. 기도는 하나님의 저울에 자신을 달아 보는 것이다. 하나님의 저울에 모자란 부분들은 당연히 기도를 통해 되돌려 놓아야 한다. 그것이 회개다. 그러니 기도를 많이 할 수록 성화가 된다. 기도를 많이 해도 성품의 변화와 성숙이 없는 까닭은 기복 기도에 치중하기 때문이다.

희망의 기도, 비전의 제단을 쌓다

아브라함은 롯과 동행하며 살아왔다. 종들과 가축들이 많아지자 목양지가 좁았다. 아브라함은 롯에게 선택권을 주었다. 롯은 좋은 곳, 소돔과 고모라를 선택했다. 온 땅에 물이 넉넉했고 여호와의 동산, 낙원처럼 보이는 기름진 땅이었다. 롯은 그 땅을 선점해 버렸다.

아브라함에게는 찌꺼기만 남았다. 물론 롯에게 선택권을 양보했지만 롯이 먹다 남은 찌꺼기를 바라보는 아브라함의 심정은 어땠을까? 뷔페에 초대를 받아 조금 늦게 가 보니 모두 먹고 찌꺼기만 남았다. 제대로 대접을 받지 못했다는 생각에 자존심이 상하고 기분이 좋을 리가 없다. 아브라함도 그런 기분일 수 있다. 롯에 대한 배신감과 섭섭함이 컸을 것이다.

그런 심정으로 있을 때 하나님이 오셔서 눈을 들어 더 먼 곳을 바라보라고 하셨다(창 13:14-17). 롯이 먹다 남은 찌꺼기만 보지 말고, 그 남은 찌꺼기를 가지고 큰 민족, 복이 될 것이라고 약속하시며 그것을 믿음으로 바라보라고 하신 것이다. 이에 아브라함은 기도 제단을 쌓았다(창 13:18). 기도 제단에서 하나님의 계획을 보았다. 기도를 통해 하나님을 본 것이다.

누군가는 "기도는 어둠 속에서 하나님을 볼 수 있는 거울"이라고 했다. 하나님이 남은 찌꺼기를 가지고 큰 민족을 이루고, 넓은 땅을 주고, 복이 되게 해 주겠다고 하신 약속에 아브라함은 감사의 기도, 희망의 제단을 쌓았다. 기도 거울로 하나님의 광대한 축복의 땅을 바라보게 된 것이다.

세상을 살다 보면 찌꺼기 음식이 나에게 해당될 때가 있다. 좋은 것은 남들이 다 가져가 버렸다.

'왜 나에게는 좋은 자질이 없을까? 왜 좋은 환경이 주어지지 않았을까? 유능한 부모라는 배경이 있었다면 좀 더 빨리 일어설 수 있지 않았을까? 어째서 누구는 결손 가정에서 자라 유년 시절을 비참하게 보내야만 했을까?'

그 좋은 대학이 있는데, 좋은 대학들은 남이 가져가 버리고 나에게는 원하지 않던 대학이 배정된다. 사업이 그렇고, 직장생활에서의 승진 문제가 그렇다. 다른 동창들은 잘나가는데 말이다. 롯이 물 좋은 땅은 가져가고 찌꺼기 같은 땅만 남겼듯이, 우리에게도 그런 경우가 비일비재하다.

남은 음식 찌꺼기란, 남들에 비해 불공평한 취급을 받는다고 생각하는 경우다. 내가 기대했던 것들이 만족스럽게 성취되지 못하고, 실망하고, 그래서 삶에 소망이 별로 없는 것들이다. 이럴 때 남은 찌꺼기 음식을 보면서 속상하고 곤혹스러운 주부의 심정이 우리 현실이 된다. 그러나 하나님은 먹다 남은 것을 위한 계획을 갖고 계심을 믿어야 한다. 그래서 주님도 먹다 남은 것을 버리기를 원하지 않으셨다(요 6:12). 주님은 그 찌꺼기로 뭔가를 행하실 계획을 갖고 계신다.

필자의 인생도 그리 좋은 환경이라고 볼 수 없었다. 제주도라는 지역적인 면에서나, 비신자 가정이라는 신앙적인 분위기에서나, 신체적인 면에서나, 가정적인 면에서 좋은 음식이라고는 할 수 없었다. 먹다 남은 찌꺼기와 같은 조건들이다. 스스로를 그렇게 생각했기에 청소년 시절에 마음고생을 많이 했다. 교회에 다니면서도, 신학생 시절에도 낮은 자존감을 좀처럼 극복할 수 없었다. 자신감 결여로 마음앓이를 크게 한 것이다.

어느 날부터 주님은 먹다 남은 찌꺼기를 가지고도 맛있고 멋진 음식을 만드시는 분임을 알았다. 롯이 가져가 버리고 남은 찌꺼기 같은 땅에서 아브라함에게 새로운 희망과 비전을 일으켜 세우신 분이 주님이심을 알았다.

"주님, 최고의 요리사가 되시는 주님이시여, 저를 통하여 맛있는 음식을 요리해 주십시오. 찌꺼기에 축복해 주십시오. 의도를 가지고 저를 관리해 주십시오."

그 기도의 결과가 오늘이다. 주님은 (내 생각에는) 먹다 남은 찌꺼기로 정말 멋진 음식을 만드셨다. 성경이 바로 그런 열전(列傳)이다. 야곱, 삼손, 가나안 여인 등은 인생이 버린 찌꺼기였지만 하나님이 그들을 주물러 맛있는 음식을 만드신 것이다.

우리는 그 하나님을 믿는다. 주님이 죄 많은 사람에게 찾아가셔서 조금만 양념을 더 해 주시면 거룩한 음식이 된다. 볼품없는 인생들에 조금만 양념을 쳐 주시면 멋진 삶이 된다.

기도는 작은 구름 하나를 붙들고 소나기를 기다리게 하는 능력이다. 달걀에서 병아리 우는 소리를 듣는 희망을 키우는 능력이다. 죽었던 희망을 기도의 불씨로 지피고 있어야 한다. 그러면 주님이 찌꺼기만 남아 있는 상황을 멋진 풀코스 잔칫상으로 만들어 주실 것이다. 이것이 기도의 능력이다.

3장

기다림으로 최상의 것을 얻다:
이삭의 묵상 기도(창 24:61-67)

'묵상'(默想)이란 '마음속으로 묵묵히 기도함' '정신을 모아 잠잠히, 그리고 깊이 생각함'이라는 뜻이다. 묵상은 예배나 영적 재충전, 영혼의 만족과 즐거움, 명철과 형통함, 하나님과의 교제를 위한 매우 유익한 신앙 행위다. 묵상은 내가 활동하기보다 하나님이 활동하실 공간을 내드리며 기대하는 것이다. 그러므로 묵상이 있어야 하나님의 뜻을 실현할 수 있다. 너무 급하게 사역하려 들지 말고 하나님의 마음을 먼저 구해야 한다.

우리의 신앙생활이나 기도생활에 규칙적인 묵상이 없으면 내가 '주어'가 되고, 하나님은 '동사'가 되신다. 그러면 내가 주인 노릇을 한다. 묵상은 성경을 통해 하나님께만 관심을 집중하는 것이다. 이성과 상황을 말씀 안에 가두고, '하나님이 무슨 말씀을 하시는가? 원하시는 것이 무엇인가?' 질문하며 그분께 시간을 드려 그분의 음성을 듣고 걸음을 떼는 것이다.

한국인은 열심은 있는데 묵상이 없다. 묵상이 없는 열심은 하나님이 활동하시는 공간은 작고, 내 활동 공간은 크다. 그렇다 보니 상황에 휘둘리기 쉽다. 묵상의 부재는 자기중심의 열심이다. 그래서 묵상 없이 열심으로 한 일은 오히려 공동체에 손해가 되고 논란거리가 된다. 그만큼 성숙이 늦다. 그러므로 항상 하나님의 말씀을 묵상하는 훈련을 해야 한다.

성경 인물 중에 이삭은 묵상에 강한 사람이다. 그 점이 이삭의 장점이지만, 때로는 약점이 된다. 성격 유형으로만 본다면 상당히 내성적이고 소극적이어서 진취적인 족장감에는 어울리지 않는다. R. E. O. 화이트(R. E. O. White)는 *The Exploration of Faith*(믿음의 발휘)에서 이삭에 대해 이렇게 평한다.

> 아브라함이 살았던 선구자적 인생 행로와 하나님과 나누었던 교제를 비교할 때 이삭의 삶은 보다 덜 종교적이다. 그의 삶은 두려움, 묵묵한 순종, 그리고 위대한 사건에 대한 기억 등으로 뒤섞인, 간접적인 동시에 이류(二流) 믿음이라고 말할 수 있다.

'이류 믿음'이라는 말은 이삭이 들으면 참 기분 나쁜 표현이다. 물론 그는 일류로 출발했다가 이류로 떨어져 버린 면이 없지는 않다. 이삭의 수동적인 성격이 그에 대한 착시 현상을 불러일으킨다.

요즘 기준으로 보면, 이삭은 놀부보다는 흥부의 전형에 가깝다. 사윗감으로는 착하고 괜찮지만, 신랑감으로는 현대 여성들에게 인기 있는 남자는 아니다. 요즘은 착한 콩쥐보다 영악한 팥쥐가, '착한 남자' 흥부보다는 '나쁜 남자' 놀부의 성향을 선호하는 추세이기 때문이다.

그렇다고 이삭이 이류라고 함부로 말해서는 안 된다. 이삭은 매사에 수동적이고 자신감이 없는 남자처럼 보이지만 그에게는 묵상이라는 숨겨진 영성이 있기 때문이다.

위대한 아버지의 그늘에 가려져 있다

이삭 하면 먼저 떠오르는 것이 수동성이다. 그의 일생을 들여다보면 인생이 걸린 자기 문제에서조차 주도적인 때가 별로 없었다. 모리아산에서 제물로 바쳐질 때 수동적이었다(창 22장). 결혼 문제에서도 주도적인 자세가 아니었다(창 24장).

이삭은 왜 이렇게 매사에 수동적이었을까? 모리아산에서나 결혼 문제는 이삭 자신의 문제였다. 이삭 자신이 주인공이 되어야 하는데, 결정적인 순간에는 한편으로 비켜서 있었다. 이에 대해 OMF선교회의 전체 감독으로 오랫동안 선교회를 이끌었던 오스왈드 샌더스(Oswald Sanders)는《당신도 하나님이 쓰신 성경 인물과 같이 될 수 있다》(나침반, 1989)에서 이렇게 설명한다.

이삭은 위대한 아버지와 정도(正道)를 벗어나긴 했지만 빼어난 아들 야곱 때문에 왜소화된 불운한 사람이다. 그러한 불행으로 인해 이삭의 성격은 상처를 입었다. 이삭은 지도자라기보다는 추종자가 되었다. 그는 아버지의 지도 하에 40년을 살았기 때문에 성숙한 개인으로 살아가는 데 필요한 완전히 독립된 인격을 개발하지 못했다. 아버지가 위대하였다는 바로 그 요인 때문에 이삭의 성장은 부진하였고 조금은 개성이 없는 성격이 되었다. 우리는 잠시도 경건한 부모의 영향력을 과소평가할 수 없다. 그러나 부모님이 아무리 고상해도 우리는 모두 각자 자기의 대적과 약점에 직면해야 하고 싸워야 한다.

샌더스의 평가는 예리하다. 이삭은 아버지와 아들 사이에서 샌드위치 신세가 되었다. 아버지가 주도력이 너무 강하다 보니 착한 아들에게는 추종자 기질, 의존적인 기질이 형성될 수밖에 없었다. 그래서 성인이 되어서도 자기 개성이 없는 것처럼 보인다. 결정적인 약점이다.

이삭의 수동적인 성격 형성은 이름에도 원인이 있지 않을까 싶다. '이삭'은 '기쁨' '웃음'이라는 뜻이다(창 21:3, 6). 늘 부모에게 기쁨이 되려다 보니 정작 자신의 개성은 없어져 버린 것이 아닐까? 그래서 아버지 그늘에서 빛을 보지 못했다고 추정해 본다.

우리 주변에 아버지의 후광에 눌려 실력을 제대로 발휘하지 못하는 사람이 있다면 그가 이삭이다. 그는 조용해서 때로는 답답하게 느껴지지만, 그렇다고 그 속에 숨겨진 '모태 신앙'의 용광로를 과소평가해서는 안 된다.

묵상으로 2인자의 슬픔을 견디다

이삭 주변의 인물들은 모두 강한 사람들이었다. 따라서 이삭이 특출함을 나타낼 기회가 없었다. 아버지 아브라함은 진취적이고 기상이 넘치는 모험가다. 시날 왕 아므라벨의 동맹군에게 포로가 된 롯을 구출하기 위해 318명의 사병과 출정하여 승리했다는 점에서 대단한 위인이다.

부인 리브가는 기가 센 여인이다. 자기 주도성이 강하다. 아브라함의 집안에서 "천만인의 어머니"(창 24:60)가 되기 위해서 눈이 어두워 잘 보지 못하는 남편을 속이고 장남과 차남의 순서를 바꿔치기까지 한 맹렬한 여인이다. 이런 엄처시하(嚴妻侍下)에서 목소리를 내기는 쉽지 않다.

아들 야곱은 대찬 남자로, 사막에서도 혼자 살아남을 만큼 경쟁력이 강하다. 그만큼 지독한 이기주의자로 아버지의 연약함을 이용했다. 이런 아들의 속임수에 콩가루 집안이 되어 버렸다.

이런 가족 구성원들 사이에서 이삭이 견뎌 낼 수 있었던 힘은 묵상이다. 자신을 다 표현하지 못하고 부모의 기쁨이 되기 위해 기본적인 권리조차 포기하지만, 그런 '표현 못함' 덕분에 결국은 묵상으로 자기의 세계를 구축해 갔다(창 24:63).

성경에 나오는 묵상의 시간은 정오(왕상 18:27), 저물 때(창 24:63), 새벽녘(시 119:148)이나 밤낮으로(시 1:2), 종일(시 119:97)이다. 시간에

구애됨이 없다. 이삭은 이처럼 남들에게는 없는 묵상의 은사가 있었다. 환경이 그를 묵상하는 사람으로 만들어 냈다.

이삭은 아버지보다 어머니의 기질을 이어받았다. 아브라함과 아들 야곱에 비해 정적이다. 어머니 사라는 남편이 제 부인이 아니라 누이라고 발뺌할 때도 수동적으로 처신했던 여인이다. 앞날에 대해 보장받을 수 없었지만, 하나님의 언약을 믿고 남편을 신뢰함에서 나온 순종이다.

이삭은 아버지 아브라함과 아들 야곱처럼 주도적으로 무엇을 얻으려는 사람이기보다는 어머니를 닮아 온유함으로 한없이 기다리는 사람이다. 여기에 그의 강함이 있다. 그는 하나님을 묵상했다. 묵상의 은사는 '인내'와 '기다림'으로 나타난다. 이것은 목적을 이루는 데 큰 자산이다. 단지 말수가 적고, 잘 참고, 기다린다고 좋은 것은 아니다. 여기에 반드시 묵상이 있어야 한다. 이삭은 그런 사람이다.

묵상으로 최상의 것을 얻다

창세기 24장에서 이삭은 40세였다. 제 앞가림은 해야 하는 연령이 아닐까. 아버지가 충직한 종에게 이삭의 신붓감을 찾아오라는 사명을 줄 때 그것은 이삭의 문제이기에 이삭 자신이 나서야 했다. 그러나 이삭은 아버지에게 요구하는 대신에 묵상의 길을 택했다. 아마 어머니가 죽고 난 후, 고요한 저녁 무렵 들판에 나가 죽음을 애도하는 것이 습관이 되었던 것 같다. 어머니가 떠나고, 여주인이 공백 상황이고, 이 공백을 메꾸려고 가정 일을 도맡아 하던 집사가 자신의 신붓감을 구하러 길을 떠난 것을 알았기에 더 깊이 묵상 기도를 했을 것이다.

묵상 기도는 성경을 통해 하나님께만 관심을 집중하는 것이다. 모든 잡념을 없애고, 내 마음을 비우고, 하나님의 말씀을 통해 내 적 모든 관심을 하나님께만 집중하게 한다. 이삭이 묵상할 때 하나님은 최고, 최상의 것을 주셨다. 수동적인 그에게 활달한 여성 리브가를 주신 것이다. 내가 일을 하는 것보다 하나님이 일하시도록 하는 것, 그것이 묵상의 열매다.

아내 리브가와 차남 야곱에게 속임당했을 때, 장남이 제 몫을 잃고 대성통곡했을 때, 에서가 원주민 여인들과 제멋대로 결혼해서 반항심을 보였을 때, 야곱과의 긴 생이별을 겪었을 때 이삭이 견디고 삶이 만족스럽게 된 것은 결국 묵상 기도의 힘이었다.

마더 테레사(Mother Teresa) 수녀는 하루에 4시간가량을 기도했다. 기도하는 그녀에게 "하나님께 무엇이라고 기도합니까?"라고 사람들이 물었다. 그녀는 "말하지 않고 그분이 말씀해 주시기를 기다립니다"라고 답했다. 사람들이 다시 물었다.

"수녀님이 기다리는 동안에 하나님은 무엇을 하시나요?"

이 질문에 그녀는 이렇게 답했다.

"하나님도 기다리시지요."

묵상 기도는 하나님을 드러내며, 하나님의 시기를 기다린다. 기다린 만큼 열매는 달다. 이삭은 묵상을 통해 자신의 삶을 영향력 있는 생애로 끌어올렸다. 동족을 살리고 씨족을 큰 민족으로 일으킨 요셉 총리의 멘토는 아브라함도 아니고, 야곱도 아니고, 할아버지 이삭이었다. 이삭의 인내와 기다림이 총리 요셉을 만들어 낸 것이다.

우리는 기질적으로 동적인가, 정적인가? 만약 동적인 기질이라면 무엇이 보완되어야 할까? 하나님이 일하시도록 묵상하는 법을 배워야 한다. 정적인 기질이라면 무엇을 더 첨가해야 할까? 맨날 골몰하게 생각만 하고 있으면 아무 일도 이루지 못한다. 묵상에는 하나님의 신호가 떨어졌을 때 즉시 응답하는 동작이 있어야 한다. 묵상과 행동은 같이 가야 한다. 묵상은 길을 보여 주는 방향이고, 행동은 길을 걷게 하는 에너지다. 그러니 같이 가야 한다.

우리는 아브라함과 같은 1세대 신앙인일 수도 있고, 이삭과 같은 2세대 신앙인일 수도 있다. 1세대 신앙인은 자기 주도적이고, 2세대 모태 신앙인은 부모에게 의존적이다. 각각 장단점이 있다.

이삭은 자신의 기질과 주변 환경으로 인해 항상 2인자와 같은 인물이었다. 그러나 묵상과 묵상 기도를 통해 하나님이 허락하신 최고의 것을 얻게 되었다. 묵상 기도는 이삭의 힘이었다. 그래서 아버지 사후에 한 해에 100배의 결실을 얻는 경영 마인드로 당당히 거부가 되었다(창 26:12-13). 조용한 리더십, 묵상 기도의 힘이 만들어 낸 성공이다.

조용한 책벌레 소녀였던 수전 케인(Susan Cain)은 프린스턴대학교와 하버드대학교 법대를 우수한 성적으로 졸업한 후 기업과 대학에서 협상기법을 가르치는 변호사가 되었다. 하지만 내성적인 성격이 직업에 맞지 않아 힘들었다. 그때마다 상사와 동료들은 그녀의 내성적 기질을 지적했다. 케인은 내성적인 성격을 단점처럼 지적하는 그런 경향이 궁금했다.

'왜 세상은 외향적인 사람을 선호하고, 내향적인 사람은 자기 모습을 그대로 받아들이지 않고 원래의 성격을 감추려 하는 걸까?'

케인은 자신과 같은 고민을 가진 사람들을 위해 '내향성이 얼마나 위대한 기질인지'를 스스로 증명해 보기로 했다. 성공이 보장되는 월스트리트의 변호사 세계를 떠나 은근한 끈기와 탐구로 7년 만에 《콰이어트》(알에이치코리아, 2021)라는 책을 내놓았다. '콰이어트'(Quiet)는 (소리가 거의 없이) '조용한' '고요한' 상태를 뜻한다. 책의 내용은, 세상은 행동하는 외향적인 사람이 아니라 내성적인 사람이 움직인다는 것이다. 그래서 부제가 "시끄러운 세상에서 조용히 세상을 움직이는 힘"이다.

케인은 내성적 인물로 앨버트 아인슈타인(Albert Einstein), 마하트마 간디(Mahatma Gandhi), 빈센트 반 고흐(Vincent van Gogh) 등을 든다. 그들은 내성적이었기에 위대한 과학자, 정치가, 화가가 된 것이다. 특히 아인슈타인은 "외로운 사람이 되라. 의심하고 진리를 탐구할 시간이 주어지리니 거룩한 호기심을 가지라. 당신의 삶을 살 만하게 만들라"라고 권했다.

수전 케인은 이후 세계 지식의 축제인 'TED 콘퍼런스' 개막식에서 대미를 장식할 강연을 했는데 1,500여 명 청중의 기립 박수를 받았다. 뿐만 아니라 강의 동영상은 가장 짧은 기간에 조회 수 100만을 돌파한 기록을 세우며 전 세계 네티즌들의 찬사를 받았다.

케인은 이처럼 내성적인 자신의 성공을 들어 "자신감이 없는가? 소심한가? 순종적인가? 그런 성향은 절대 문제가 되지 않는다"고 주장한다. 오히려 혼자 있는 시간에 묵상하면서 생각의 힘을 키우고 자신을 계발해 낸다면 세상을 조용하게 움직이는 진짜 성공자가 될 수 있다는 것이다.

'이류 믿음'이라는 말까지 들어야 했던 이삭이지만, 그렇다고 '이류 인생'이라고 함부로 말해서는 안 된다. 이삭은 수동적이고 자신감이 없는 남자처럼 보이지만, 그에게는 묵상이라는 숨겨진 영성이 있었다. 그 묵상 영성이 성경 인물 중에서 가장 온유한 생애를 만들어 냈다. 묵상 기도가 만들어 낸 온유다.

4장

치열함으로 하나님께 나를 굴복시키다:
야곱의 씨름 기도(창 32:24-32)

야곱 하면 떠오르는 인상은 한마디로 '나쁜 남자'다. 야곱을 따라다니는 수식어는 주로 '속이는 자' '이기주의' '간사함' '경쟁자' '남을 넘어뜨리는 사람' 등 부정적인 이미지다. 그는 좋은 아들도, 좋은 남편도, 좋은 아버지도 될 수 없었던 사람이었다. 그런데도 그는 명실상부한 12부족의 조상이다. 아브라함은 '믿음'의 조상이고, 12지파 '이스라엘'의 조상은 야곱이다. 야곱의 이름이 '이스라엘'이기 때문이다.

야곱이 불신의 핸디캡이 있으면서도 12지파의 조상이 될 수 있었던 까닭은 기도에서 찾을 수 있다. 야곱의 씨름하는 야성 기도가 그의 인간성을 바꾸었으며, 성화를 이루는 계기가 되고, 12지파의 조상이 되게 했다.

이제 야곱의 나이는 100세를 바라보게 되었다. 야곱은 아버지의 집, 가나안 땅으로 돌아가는 중이었다. 아내가 넷, 아들이 열하나, 딸이 하나 있었다. 굉장한 성공이다. 20년 만의 귀향이지만 단순한 홈커밍(home-coming)은 아니었다. 밧단아람 처가 식구에게 모든 재산을 잃게 될 두려움이 귀향길에 오르게 했다. 금의환향이 아니라 우환(憂患)환향이었다.

왜 금의환향이 되지 못했을까? 그동안에 형 에서와 쌓인 문제를 풀지 않았다. 즉각적으로 문제를 풀지 않으면 이렇게 더 큰 문제로 확대되어 생명의 위협까지 느끼게 된다는 것을 야곱은 몰랐을 것이다. 하지만 알았어도 인간관계를 소중하게 여기지 않는 성공 일념자인 야곱은 '다음에 해도 된다'는 심사로 대수롭지 않게 여기며 지금까지 살아왔다. 그것이 지금 야곱의 발목을 잡고 있다.

인생의 위기에 두려워하다

고향에 가까이 올수록 야곱은 가슴이 설레는 것이 아니라 두려워졌다(창 32:7). 왜 두려움에 빠졌을까? 뒤쫓아오던 라반에게서 겨우 도망쳤는데, 앞에서 에서 형이 400명 용병과 마중 나오고 있었다. 앞뒤 모두에게 야곱은 가해자다. 야곱의 두려움은 단지 앞뒤의 적들 때문만은 아니었을 것이다. 외로움이 야곱을 더 힘들게 했다(창 32:24).

두렵고 떨리고 무섭고 외롭고…. 대찬 인생 야곱이 무서워하고 있다. 야곱이 얼마나 대찬 인생인가. 야곱에게 적수는 없었다. 그의 상대들은 모두 넘어졌다. 아버지, 형, 외삼촌, 처남들 등 모두가 그의 계산법에, 농간에, 처세에 넘어갔다. 그는 항상 이기고 사는 남자였다. 그러나 고향에 들어가는 길에 인생의 위기를 만났다. 형이 용병을 끌고 오는 것은 영접이 아니라 전투 대형이었다. 그러니 목숨에 위협을 느꼈다. 가진 것이 많을수록 더 두려운 법이다.

야곱은 위기 앞에서 마음이 약해졌다. 그러나 위기는 기회다. 약하면 하나님께로 마음의 창문이 열린다. 이때 비로소 기도하기 때문이다. 그리고 살 기회가 생긴다. 야곱에게는 거듭날 기회, 성화로 나갈 기회다. 위기는 '위태로운 기회'라는 얄궂은 양면성을 지닌다.

생사를 걸고 매달려 기도하다

두려운 심정으로 홀로 남아 있는데, 환상처럼 한 사내가 나타났다. 그리고 야곱은 밤새도록 그 사내와 씨름을 했다(창 32:24). 그런데 희한한 일이 생겼다. 야곱과의 씨름에서 '그 사람' 하나님이 밀리셨다.

● 자기가 야곱을 이기지 못함을 보고 그가 야곱의 허벅지 관절을 치매 야곱의 허벅지 관절이 그 사람과 씨름할 때에 어긋났더라 **창 32:25**

그러나 남들이 보기에는 야곱이 승기를 잡은 것 같지만 정작 야곱 자신은 인생 최대의 적수를 만났고, 자신이 밀리고 있음을 알았다. 20년 전에 벧엘에서 만났던 하나님, 그분을 조우한 느낌이었다.

야곱은 20년 전 벧엘 들판에서 두렵고 떨리는 심정으로 있을 때 하나님을 만났다. 지금이 바로 그 상황이고, 딱 그 느낌이었다. 그때 만났던 하나님이 다시 오신 것이다. 어쩌면 야곱은 '하나님이 왜 지금 여기에 나타나셨을까? 약속을 지키지 못했기에 죽이러 오신 것이 뻔하다'라고 생각했을지 모른다. 야곱은 몸에 소름이 돋으면서 겁이 났다. 그래서 넘어지지 않으려 온 힘을 다했다. 이제는 이기는 차원이 아니라, 후려치시지 못하게 하나님의 손을 꽉 붙들고 눈물로 사정했다.

"살려 주세요. 제발 한 번만 봐 주세요! 기회를 주세요."

호세아 선지자는 이때의 상황을 다음과 같이 표현한다.

● 야곱은 … 힘으로는 하나님과 겨루되 천사와 겨루어 이기고 울며 그에게 간구하였으며 호 12:3-4

남들이 보기에는 밤샘의 씨름 같았지만 정작 야곱은 너무도 힘겹게 밤새도록 매달려 회개하고 있었다. 잘못했다고, 잘못 살았다고, 한 번만 살려 달라고…. 상대방을 넘어뜨리려 씨름을 시작했지만, 이제는 하나님을 부둥켜안고 울고 있다. 하나님의 품에 매달려 어린 소년처럼 울고 있다. 이것이 기도다.

야곱의 씨름 기도는 어떤 기도인가? 생사를 건 기도, 몰입하는 기도, 끝장을 보려는 기도, 노동하는 기도, 외치는 기도, 부르짖는 기도다. 더운 김이 펄펄 넘치는 야성의 기도인 것이다.

내려놓음으로 비로소 거듭나다

결국 하나님은 "알았다. 이거 놔라!" 해도 놓지 않으니까 야곱의 허벅지 관절을 한 대 후려치셨다. 허벅지 관절은 넓적다리 부분의 움푹 팬 곳, 환도 뼈다. 하나님이 한 방을 치시니까 허벅지 관절이 어긋났다(창 32:25). 바스러져 버린 것이다. 그때 이후 야곱은 절었다(창 32:31).

이렇게 힘이 세신 하나님이 밤새도록 져 주신 것이다. 회개를 끌어내려고 일부러 져 주는 척하신 것이다. 마치 아들과 팔씨름을 하는 아버지가 지는 척하는 것처럼, 하나님도 그렇게 해 주셨다. 씨름의 승기는 야곱이 잡고 있었지만, 씨름을 이끌고 가신 분은 하나님이셨다. 하나님은 야곱에게 회개하지 않으면 안 되는 상황, 회개하기에 충분한 시간을 만들어 가셨다.

야곱은 씨름에서는 이겼지만, 실은 자신이 졌다고 생각했다. 하나님의 자비가 아니면 살아남을 수 없는 목숨을 건 씨름이 끝나자 야곱은 탈진으로 무너졌다. 그때 야곱은 새 이름을 받았다.

● 다시는 야곱이라 부를 것이 아니요 이스라엘이라 부를 것이니 **창 32:28**

의역하면, "너는 하나님과 겨루어서 이긴 최초의 사람이다. 그래서 '이스라엘'이라는 이름을 준다"라는 의미다. '이스라엘'은 '하나님과 씨름해서 이긴 사람'이라는 뜻이다. 그러나 야곱은 그 이름을 달리 해석했을 것이다. 다음은 필자의 문학적 상상력이다.

"내가 이긴 것이 아니라 하나님이 철이 들 때까지 져 주셔서 이긴 자로 살아왔군요. 이제는 하나님이 이기세요. 내 생애 가운데 하나님이 이겨 주세요. 내 아집, 내 교만이 나를 이기지 못하게 하나님이 이겨 주세요. 이제는 하나님이 나를 이기시는 생활로 나아가겠습니다."

야곱은 기도를 통해서 자신을 내려놓았다. 이후 야곱의 일생은 욕심이나 경쟁이 아니라, 성화로 서서히 유턴했다. 씨름 기도가 성화의 길로 인도한 것이다.

기도는 내가 하나님을 이기는 것이 아니라, 하나님이 나를 이기시는 것이다. 하나님께 나 자신을 굴복시키는 기도, 이것이 참된 기도다. 그래서 기도는 하나님을 설득하고자 용쓰는 것이 아니라, 하나님께 설득당하는 것이다.

오랫동안 정지되었던 엔진에서는 쉽게 에너지가 나오지 않는다. 평상시에 엔진이 예열되어 있어야 제때 쉽게 출발할 수 있다. 우리의 삶이 하나님과 겨루는 듯한 능력 있는 삶이 되려면 기도가 치열해야 하고, 치열한 기도는 치열한 삶에서 나온다. 대충 사는 태도를 극복해야 한다.

우리에게도 씨름 기도가 필요한 때다. 내 힘을 내려놓고 하나님의 힘으로 살려면 씨름 기도라는 터닝 포인트가 필요하다. 바로 지금이다. 그러면 바로 그 밤에 그 한 방으로 우리는 이기는 사람이 된다. 센 기도로 거듭났기에 그렇다. 그래서 거듭난 기도는 그만큼 힘이 세다.

5장

무너진 믿음을 다시 세우다:
욥의 경배 기도(욥 1:13-22)

단언컨대, 인간 세상에 욥처럼 고난과 시련이 많았던 사람은 찾아볼 수 없다. 건강을 잃고 재산이 몽땅 사라지는 고통이야 있을 수 있지만, 한날한시에 아들 일곱, 딸 셋, 도합 10명의 자식들의 죽음을 겪은 것은 도무지 견딜 수 없는 일이다. 욥은 그런 시련을 견뎌 냈다. 그 고통과 슬픔을 어찌 참아 냈을까. 그 밑바탕에 하나님의 섭리에 대한 확신과 믿음이 흔들리지 않도록 중심을 잡아 주는 기도가 있었다.

고난 '중에' 기도를 일으켜 그 고난을 극복하는 사람이 있고, 고난 '이전에' 기도로 다져져 고난을 극복하는 사람이 있다. 전자는 고난이 왔을 때 이중으로 힘들어진다. 고난을 극복하기 이전에 불신의 모습을 너무 많이 보인다. 평소에 기도로 무장되어 있으면 고난 기도와 함께 경배 기도를 할 수 있다. 우리의 기도는 방파제이지만, 방파제가 무너졌을 때 다시 일으켜 세우는 힘이기도 하다. 욥이 그 힘을 보인 사람이다.

깨끗한 사람에게 시련이 닥쳤다

욥은 재벌이다. 그의 소유물은 양이 7,000마리, 낙타가 3,000마리, 소가 500겨리, 암나귀가 500마리였다(욥 1:3). 고대 근동 목축 사회에서 재산의 기준은 우물과 가축이었다. 특히 가축 수가 많으면 재벌이었다. 욥의 가축은 모두 1만 1,000마리였다. 가족들만으로는 사육과 관리를 할 수 없어 종도 많이 있었다. 아주 잘나가는 사람이었다. 그래서 그를 "훌륭한 자"(욥 1:3)로 소개한다. 부와 신망을 함께 소유한 부자라는 것이다.

그리스도인들은 깨끗한 부자가 되기 위해 노력해야 한다. 돈이 많으면 착한 일을 할 수 있는 기회가 많다(전 10:19). 돈을 하인으로 부릴 수만 있다면 돈은 유능한 하인이 된다. 돈은 우리를 고상하게 만들고 하나님의 이름을 드높이게 만든다. 깨끗한 부자로 살아가려면 돈에 대한 바른 몫 가리기를 잘해야 한다. 그리고 돈은 항상 중립이라는 사실을 잊지 말아야 한다.

욥은 재벌이면서도 드물게 깨끗한 사람이었다. 청부(淸富)인 셈이다.

● 우스 땅에 욥이라 불리는 사람이 있었는데 그 사람은 온전하고 정직하여 하나님을 경외하며 악에서 떠난 자더라 욥 1:1

'온전'은 인격, '정직'은 행동, '하나님 경외'는 신앙에 해당한다. 이만하면 1등품이다. 자식들을 위한 제사를 드린 것만 아니라 온전함과 정직함과 경외함에 항상 그랬다(욥 1:5). 그랬던 사람에게 최악의 불행이 닥쳤다.

왜 착한 사람들에게 악한 일이 생기는 것일까? 모든 종교와 철학이 남기는 숙제다. 인과응보의 개념으로만 본다면 욥은 고난을 겪을 이유가 없는 사람이다. 그런데 인생 쓰나미가 예고도 없이 몰려왔다. 졸지에 재산의 중심이 되는 가축들을 다 빼앗기고 종들은 죽임을 당했다(욥 1:13-17). 장남 집에서 식사하던 10명의 자식들이 지붕이 무너지면서 모두 죽었다(욥 1:18). 욥은 종기가 나서 온몸이 한센병 환자처럼 되었다(욥 2:7).

어느 시련이 가장 힘들었을까? 모든 것이 견디기 힘든 너무 센 시련들이다. 이전에는 생각조차 할 수 없었던 진짜 나쁜 일들이 고삐가 풀린 것처럼 한꺼번에 터져 나와 버렸다. 믿음으로 다져진 욥조차 감당하기 힘든 시련들이다. 오죽했으면 고통이 너무 심한 모습을 보다 못해 부인이 "하나님을 욕하고 죽으라"(욥 2:9) 했다. 부인은 악처인가, 남편을 사랑하는 아내인가? 당신이 그 입장이라면 어떨까?

'왜 내게 이런 고통이 왔을까? 하필이면 내게 왜?'

여기서 문학, 철학, 신학의 주제가 나온다. 욥이 왜 고난을 겪느냐는 것이다. 그러나 욥기의 주제는 "고난"이 아니다. 필자가 앞서 출간한 《내게 왜 이러세요?》(두란노, 2021)에서도 밝혔듯이, 욥에게 고난은 욥기의 주제를 밝혀 주는 소재이고 하나님이 이루고자 하시는 의(義)의 수단이다. 요셉의 총리 직분이 꿈의 실체가 아니라 꿈을 이루기 위한 수단이었던 것과 같은 맥락이다. 그렇기에 욥기도 고난의 사다리를 올라가 더 큰 목표를 찾아내야 제대로 이해된다. 이 점을 놓쳤기에 욥과 친구들은 고난의 사다리만을 붙들고 "네 잘못이다" "아니다" 논쟁으로 원수 관계가 되어 버렸다. 고난의 사다리에서 더 큰 하나님의 목표로 올라서지 못하고 만 것이다.

욥의 고난은 전화위복의 차원이 아니다. 욥은 아브라함의 혈통이 아니다. 믿음으로 오는 의에 대해 하나님의 계시가 없었다. 그렇기에 알게 모르게 자기의 의를 내세웠다. 본의는 아니었다. 하나님은 욥이 고난을 통해 자기의 의가 보잘것없다는 사실을 깨닫게 하시고, 그래서 결국에는 주님으로부터 오는, 하나님의 손으로 입혀지는 의의 옷을 입는 믿음을 갖게 하신다. 만약에 고난이 없었다면 단순히 이방인들의 종교관, '하늘님' 앞에서 의인의 삶을 살아가는 것으로 만족했을 것이다.

기도가 평형수 탱크가 되었다

욥은 기도의 사다리를 올라가 하나님의 의도를 알아 가고, 결국에는 칭의의 자리에 오르는 은혜를 입은 사람이다. 욥은 하나님을 경외하는 깨끗한 부자였지만, 그것은 남들이 보기에는 자칫 윤리적인 의요 도덕적인 거룩이었다.

아브라함에게는 하나님의 언약을 통한 하나님의 의가 입혀졌지만, '동방 사람' 욥은 자연 계시를 통해 어렴풋이 하나님을 알았다. 자연 계시를 통해서도 하나님이 사탄에게 자랑하실 만큼 대단한 믿음을 만들어 냈다. 하나님은 그를 더 아끼고 싶으셨다. 아브라함은 '믿음의 원조'로 삼으시더니, 욥은 '칭의 은혜의 본'으로 삼고 싶어 하셨다. 그래서 사탄의 손에 일시적으로 넘겨주셨다.

욥은 역시 하나님을 실망시켜 드리지 않았다. 그는 이렇게 경배 기도를 드렸다.

● 이르되 내가 모태에서 알몸으로 나왔사온즉 또한 알몸이 그리로 돌아가올지라 주신 이도 여호와시요 거두신 이도 여호와시오니 여호와의 이름이 찬송을 받으실지니이다 하고 이 모든 일에 욥이 범죄하지 아니하고 하나님을 향하여 원망하지 아니하니라 **욥 1:21-22**

욥의 경배 태도는 놀랍다. 그러나 이런 경배 기도는 시련과 함께 시작된 것이다. 앞에서 말하지 않던가? "욥의 행위가 항상 이러하였더라"라고(욥 1:5). 놀라운 욥의 경배 기도는 고난과 함께 배운 것이 아니라, 고난 전에 배운 기도다. 그런 기도 자세로 무장되어 있었기에 하나님의 뜻을 몰라 억울했지만, 친구들의 공격에 분노도 했지만 정도를 벗어나지 않고 제자리로 돌아올 수 있었다. 기도가 흔들리는 배의 중심을 잡아 주는 평형수 탱크였다. 욥의 기도는 문제 해결만 아니라 성화를 돕는 이중 축복이 되었다.

우리에게도 기도의 평형수 탱크가 있는가? 그것이 있다면 당신은 평소에 기도를 게을리하지 않는 사람이다. 그만큼 기도로 성화되어 가는 중이다. 성화된 기도만큼 하나님의 마음을 사로잡은 인간의 언어는 없다.

욥에게 친구들과의 논쟁만 있었다면 어찌 되었을까? 3인을 상대하는 논쟁에서 욥은 조금도 꿀리지 않았다. 그러나 논쟁의 힘은 친구들을 설득시키거나 굴복시킬 수는 있지만, 욥 스스로를 일으켜 세울 수는 없다. 하나님의 보좌에까지 욥을 올리는 힘은 못 된다. 기울어진 인생의 운동장에서 욥을 잡아 준 것은 기도의 힘이었다. 기도의 힘이 있었기에 버틸 수 있었고, 하나님에 대하여 원망하지 않고 하나님의 절대 주권에 경배하며 찬양할 수 있었다.

이란 테헤란 왕궁에 아름다움으로 빛나는 모자이크 유리벽이 있다. 왕궁을 건축할 당시, 건축가는 왕의 방문에 맞춰 대형 거울을 입구 쪽 벽에 부착하여 용모가 잘 보이도록 유리벽을 구상했다. 프랑스에서 주문한 거울이 도착하여 벽에 붙이려고 보니 운반 도중에 거울이 깨져 있었다. 건축가는 당황해서 우선은 깨진 유리 조각들을 내다 버리라고 했다. 그러자 한 인부가 "어쩌면 깨져 있으므로 더 아름다운 작품이 될지도 모릅니다"라며 깨진 유리 조각들을 벽이나 창에 붙이자는 제안을 했다. 건축가는 그 제안을 받아들여 깨진 유리 조각에 아름다운 무늬를 착색하여 벽에 붙였다. 조각난 유리 조각들로 모자이크된 벽은 형형색색의 찬란한 빛으로 반짝거렸다. 조각난 유리 조각마다 빛이 여러 방향으로 반사되어 상상하지도 못했던 황홀한 광경을 만들어 낸 것이다. 사람들은 쏟아지는 빛의 아름다움에 탄식하며 "통유리를 붙였다면 반사된

빛으로 인해 눈을 제대로 뜰 수 없었을 텐데 오히려 더 잘되었다"
고 말했다. 유리는 깨졌기에 훨씬 더한 아름다움으로 탄생할 수
있었다.

욥의 인생은 하루아침에 와장창 깨져 버린 유리 조각이었다. 욥은 깨진 인생의 유리 조각들을 붙들고 하나님께로 올라갔다. 그리고 아름다운 모자이크 생애를 만들어 냈다. 그것은 기도가 만들어 낸 힘이었다. 그만큼 기도는 아무것에도 쓸모없는 깨진 인생조차 세상에서 가장 황홀한 모자이크 걸작품 인생으로 만들어 내는 힘이 된다. 그 엄청난 힘을 내 생애에서 묻어만 두면 그것은 두고두고 억울한 일이다.

6장

오직 하나님께 영광을 돌리다:

모세의 영성 기도(출 32:7-14)

아브라함은 깊은 영성의 소유자다. 그의 영성은 기도 제단에서 나왔다. 하나님은 아브라함에게 “너는 내 벗이다”라고 하시며(사 41:8) 일급비밀을 알려 주셨다. 실수하고 허물이 큰 친구라 할지라도 하나님은 “네가 내 친구 됨을 나는 부끄러워하지 않는다”라고 말씀하셨다(히 11:16).

‘하나님의 벗’이라는 말은 굉장한 칭호다. 아브라함처럼 하나님의 친구 수준이던 또 한 사람이 있으니, 모세다.

● 사람이 자기의 친구와 이야기함같이 여호와께서는 모세와 대면하여 말씀하시며 출 33:11

하나님의 ‘벗’은 ‘사랑스런 친구’ ‘애인’(愛人)이라는 뜻이다. ‘친구’라는 히브리어는 ‘남자 친구’ ‘동료’라는 의미를 가진다. 히브리서가 모세를 '하나님의 종'이라 표현함(히 3:5)도 하나님의 동역자, 일꾼이라는 의미다.

아론, 소비자 중심의 짝퉁 종교를 만들다

현대는 소비자 중심 사회다. 소비자가 더는 을(乙)이 아니라 갑(甲)이 되고, 갑질을 해도 기업들은 고스란히 당하고 간다.

"손님은 왕이다! 고객은 돈이다!"

그래서 기업들은 소비자 욕구에 따라 반응하며 필요를 만들어 내려 아이디어를 짜낸다. 맛도 소비자 입에 맞게, 패션도 소비자 욕구에 맞춘다. 백화점에 가면 주차를 해 주고, 며칠 입은 옷도 하자가 생겼다면 얌체 고객인 줄 알면서도 바꿔 준다. 극장 얌체족들은 좌석 번호 101번, 102번, 103번을 예매한다. 시작 10분 전 101번과 103번은 예매 취소, 102번만 구매한다. 그러고는 두 칸이 비어 좌우에 너르게 앉아 영화를 본다. 극장 측에서는 뻔히 보여 욕이 나와도 소비자 중심 세상이라 참는다.

세상은 점점 소비자 중심 문화에 익숙해지고 있다. 조금만 불친절하거나 기분이 나쁘면 SNS에 올리고 해코지를 한다. 그러니 기업들은 소비자 욕구에 충실할 수밖에 없다. 이런 소비자 중심의 영성이 교회에도 들어오는데, '아론의 종교'다. 출애굽한 이스라엘의 2인자 아론의 영성은 소비자 중심의 영성이다.

가나안의 번영을 기대하며 애굽을 떠난 이스라엘 고객들은 자기들 중심의 신을 요구했다.

● 우리를 위하여 우리를 인도할 신을 만들라 이 모세 곧 우리를 애굽 땅에서 인도하여 낸 사람은 어찌 되었는지 알지 못함이니라 출 32:1

이스라엘 백성은 '우리를'이라는 말을 3회 반복했다. 내가 하나님을 위해 존재함이 아니라, 하나님을 나를 위해 필요한 존재로, 내가 원하는 신으로 만들어 달라는 것이다. 아론은 고객의 요구를 위해 하나님의 요구를 버렸다. 이에 아론은 송아지 형상의 여호와 종교를 만들었다. 영적 존재에 살짝 육체를 입힌 모조품이다.

애굽에서는 황소의 형상, 인간, 악어의 머리 형상, 매의 머리 형상, 수양의 머리 모양을 한 아문(Amun) 등을 신으로 섬겼고, 태양과 나일강 등 자연도 숭배했다. 모두 눈에 보이는 신이다. 특히 황소의 신은 '힘'과 '생산'의 상징이다.

이스라엘은 수백 년 동안 아브라함, 이삭, 야곱 족장, 요셉 총리가 믿는, 보이지 않는 하나님을 섬겼다. 제단은 쌓았지만, 하나님에 대한 어떤 형상도 만들지 않았다. 그런데 백성들은 아브라함 선민들의 거룩한 신이 아니라, 이웃 열국을 물리치는 힘과 번영 신학의 종교를 아론에게 주문했다. 모세가 부재한 상태에서 임시로 CEO 역할을 하는 아론은 소비자인 백성들의 요구를 쉽게 물리칠 배짱이 없었다. 사실은 모세처럼 하나님을 만났던 경험이 없었기에 그 역시 소비자들 옆에 설 수밖에 없었다.

한국 교회가 아론의 종교를 만들어 내고 있다. 교인들의 욕구에 맞는 소비자 중심의 기독교가 되다 보니 기도 역시 그에 맞게 변조된다. 그 기도는 우리의 목적을 위해 하나님을 수단으로 만든다. 이것이 소비자 중심의 기독교가 만들어 낸 짝퉁 기독교다. 미국 상원의 채플 목사였던 리처드 핼버슨(Richard C. Halverson)은 이렇게 말한다.

> "처음에 (초대) 교회는 살아 계신 그리스도를 중심에 둔 사람들의 교제 모임이었다. 교회는 그리스로 이동하여 철학이 되고, 로마로 옮겨 가서는 시스템(제도)이 되었다. 유럽으로 넘어가서 문화가 되었다. 마침내 미국으로 왔을 때 교회는 기업이 되었다."*

우리는 하나님께 드리는 예배가 아니라 우리의 축복을 위해 변형된 황소 머리 형상의 하나님을 만들어 내는 중이다. 그것이 소비자 중심의 기독교다. 하나님이 내 소원을 이루기 위한 수단이 되고 계신다면 아무리 열정적으로 기도해도 그것은 모조품 기도 영성이다.

하나님, 모세 중심의 민족을 제안하시다

모세가 40일 만에 내려와 보니 이것이야말로 가관이었다. 신령하신 여호와께서 육체를 지닌 우상으로 변질되어 있었다. 모세가 얼마나 화가 났을까. 하나님은 모세보다 더 화가 나셨다.

● 여호와께서 또 모세에게 이르시되 내가 이 백성을 보니 목이 뻣뻣한 백성이로다 출 32:9

* 스카이 제서니, 《부르심의 자리》(두란노, 2017).

하나님은 한마디로, "저놈들은 안 된다!" 하시면서 모세에게 엄청난 조건을 제안하셨다.

- 내가 하는 대로 두라 내가 … 그들을 진멸하고 너를 큰 나라가 되게 하리라 출 32:10

'그들', 즉 아브라함의 자손들을 멸족시키고 '너' 모세와 새로운 계약을 맺으시겠다는 것이다. "네가 새로운 족속의 조상이 되게 해 주겠다. 아브라함은 없다. 네가 조상이다!" 하신 것이다.

이런 내용의 제안에 모세에게 40일 금식 기도가 없었다면, 그의 영성이 40일의 묵상으로 맑지 않았다면 흔들렸을 것이다. "하나님, 그러시면 저야 황송하지요. 마음의 준비는 안 되었지만 새 민족의 조상으로 세워 주시면 20세 이하 세대와 함께 진품 여호와 종교를 만들어 드리겠습니다!"라고 했을 수도 있을 것이다. 하지만 모세는 일언지하에 그 제안을 거절했다. 모세는 소비자 중심의 리더가 아니었다.

모세, 하나님이 영광 받으실 진품 종교를 원하다

모세가 거절한 이유는 무엇일까? 하나님이 해 오시는 달콤한 제안을 어찌 물리칠 수 있었을까?

- 어찌하여 그 큰 권능과 강한 손으로 … 인도하여 내신 … 백성에게 진노하시나이까 출 32:11
- 어찌하여 … 여호와가 자기의 백성을 산에서 죽이고 … 진멸하려는 악한 의도로 인도해 내었다고 말하게 하시려 하나이까 … 맹렬한 노를 그치시

고 … 화를 내리지 마옵소서 출 32:12

● 주의 종 아브라함과 이삭과 이스라엘을 기억하소서 출 32:13

한마디로, 모세는 하나님의 영광을 위해 오히려 거절한 것이다. 하나님이 모세를 말리신 것이 아니라, 모세가 하나님을 말렸다. 이 말림은 최고의 종교적 표현이고, 영성이고, 신앙 고백이다. 모세가 하나님을 말리는 이유는 단 하나, 하나님의 영광 때문이다.

모세의 간절한 호소 기도는 성경 최고의 기도문이다. 우리는 왜 "지역을 넓히소서. 나로 환난을 벗어나게 하소서"라는 야베스의 기도문만 좋아할까? 야베스의 기도문은 하나님의 영광보다는 나를 우선시하는 모양새다. 이는 자칫 소비주의 그리스도인들을 만들어 낸다. 한국 교회는 너무 '나' 중심의 신앙생활을 추구한다. 하나님이 '목적'이 아니라 '수단'이 되고 있다. 하나님을 하나님으로 섬기지 못하고 나에게 축복을 주는 신으로 자꾸 리모델링한다. 그리고 기도라는 수단을 빌려서 내심 이런 제안을 한다.

"제가 하나님께 금도 입히고, 은도 입히고, 예배당도 크게 지어 드리고, 원하신다면 새벽 기도도 할게요. 헌금도 할게요. 그 대신에 하나님도 저를 행복하게 해 주세요. 잘되게 해 주세요. 제가 안되면 하나님도 안되시는 거잖아요? 제가 소비자라는 것 아시지요?"

그러면서 우리는 아론의 종교를 만들어 간다. 하나님을 기쁘시게 해 드린다면서 결국은 나를 즐겁고 행복하게 해 주는 금덩어리 형상의 송아지를 하나님께 씌워 드린다.

이와 같은 소비자 중심의 신앙관을 개선하지 않으면 성경 지식과 기도, 큐티 등은 아론의 종교에 불과하다. 하나님의 영광을 생각하지 않고 내 욕구를 채워 주는 신들을 만들어 낸 그 종교 열정이 어떻게 맑은 영성이 될 수 있고, 그런 기도가 어찌 하나님의 마음에 닿을 수 있을까.

이 사건 후에 하나님은 모세를 친구로 승격시켜 주셨다. 하나님의 영광을 위해 자기의 영광을 반납하고 오히려 말리던 그 기도는 하나님을 엄청 기쁘시게 해 드렸다. 모세의 기도는 소비주의 영성에서 나오는 애원이 아니라, 하나님의 이름만 지켜질 수 있다면 "내 이름 없어도 괜찮아. 실패해도 괜찮아. 아파도 괜찮아. 오직 하나님 영광!"이라는 맑은 영성의 기도문이다.

하나님은 모세의 영성에 너무 감동을 받으셨다. 그래서 인류 역사상 누구에게도, 심지어는 일급비밀을 나누는 벗 아브라함에게도 보여 주지 않으셨던 영광을 보여 주셨다(출 33:21-23). 하나님의 영광은 얼마나 강렬한지 모세에게 투영되어 사람들이 감히 그 용모를 쳐다보지 못할 정도였다(출 34:29-30).

그렇지만 모세의 생애는 세상에서는 충분히 보상받지 못했다. 가나안에 들어가지 못하고 하나님께 토사구팽 신세처럼 끝난 듯 보인다. 그렇다고 그것으로 끝이 아니다. 1,400여 년 후 그는 변화산에 나타났다. 큰 민족 조상은 되지 못했지만, 인류의 구원 역사에 예수님과 함께 참여하는 축복을 누렸다.

우리는 하나님을 이용하려는 소비주의 기도를 물리치고, 하나님의 영광을 담아내려는 하나님 중심의 기도생활로 나가야 한다.

우리 기도의 목표 지점은 바로 그곳이다.

일기와 기도의 공통점이 있다. 바쁠 때는 일기를 쓸 시간이 없다. 그러나 일이 없는 날은 쓸 내용이 없다. 바쁘고 힘들 때는 기도할 시간이 없다. 평온할 때는 기도할 내용이 없다. 그렇기에 일기는 매일 써야 하는 것처럼, 기도 역시 항시 해야 한다. 기도할 것이 없는 날들의 평범한 기도가 영성을 만들어 가는 거룩한 기도이고, 가장 영양가가 높은 값진 기도다. 이런 기도가 하나님의 영광을 최우선으로 삼는 진품 종교의 진품 신자를 만들어 간다.

7장

하나님과 연합하다:
여호수아의 능력 기도(수 10:12-14)

이스라엘 공동체에 갑자기 식구가 늘고 활동 영역이 넓어졌다. 기브온 거민들이 합세했기 때문이다. 이스라엘 백성은 처음에는 이방인들이 끼어들어와 새로운 환경에 익숙하지 않다가 시간이 흐르면서 기브온-히위 가나안 원주민 부족이 종이 되어 궂은일을 모두 해 주니 얼마나 편리하고 좋던지, 쉽게 언약을 체결해 버렸던 여호수아와 방백들, 기브온 원주민들 모두에게 품었던 악감정을 버리게 되었다. 때로는 편한 것이 문제다.

하나님과 연합하라

가나안의 왕들, 특히 남쪽 예루살렘 왕 아도니세덱은 기브온이 이스라엘과 화친했다는 소식에 분개하여 헤브론과 야르뭇과 라

기스와 에글론의 남방 왕들과 더불어 연합군을 이루어 기브온을 쳤다.

기브온이 공격 대상이 된 이유는 하나님과 화목했기 때문이다. 기브온도 가나안 족속이었으나 하나님이 기생 라합의 눈을 여시어 이스라엘의 하나님을 보게 하신 것처럼, 그들은 아브라함의 후손들이야말로 가나안의 진정한 주인임을 알았다. 물론 기브온 거민들은 여호와를 인정하는 신앙보다는 당장 적의 침공에 상대방의 신을 수용함으로 민족을 보호하고자 하는 구국적 의미가 더 강했다.

가나안은 하나님이 아브라함과 그의 후손들에게 허락하신 약속의 땅이다. 그러므로 이스라엘을 대적하는 일은 애굽을 이기신 여호와 하나님을 대적하는 일이요, 그 전쟁에 승산이 없음을 알았기에 기브온은 일찌감치 여호수아의 보호 밑으로 투항한 것이다. 생명을 얻는 지혜로운 결단이었지만 가나안의 왕들에게는 배신 행위였다.

동기와 수단, 방법이 어찌 되었건, 기브온 족속이 처한 현실은 그리스도인들의 삶을 보여 준다. 우리가 복음을 받아들이고 하나님께 항복하면 사탄의 미움과 공격을 받게 된다. 사탄의 공격에서 살아남는 길은 예수 그리스도의 힘을 의지하는 것밖에는 없음을 이 사건은 보여 준다.

우리는 무장된 삶을 살아야 한다. 세상은 서로 원수이지만 하나님을 대적하는 일에는 연합을 취한다. 그렇기에 세상에 대해 경계심을 풀지 말아야 한다.

때로는 위대한 기도를 하라

기브온은 연합군의 공격에 도와 달라는 급보를 보냈다. 도움을 요청할 아무런 권리도 없고 이스라엘 역시 도와야 한다는 어떤 의무도 없었지만, 지금은 책임지고 도와주어야 하는 책무가 있었다. 여호와의 이름으로 맺은 보호 조약이 있었기에 당연히 도와야 하고 구해 주어야 했다. 이것이 계약의 힘이다.

여호수아는 길갈에서 밤새도록 올라가서 가나안 왕들을 공격했다. '가나안에서의 우리 앞길도 험악한데 남의 일까지 참견해야 하나?' 이런 마음은 없었다. 그들을 돕는 것은 계약 안에 있는 의무사항이었다.

가나안 동맹군들은 기습적인 공격을 당했다. 이스라엘 응원군이 도착하기에는 시간이 남았다고 방심하다 기습을 당한 것이다. 동맹군들은 벧호론으로 달아났다. 가나안 동맹군들은 결코 쉬운 상대가 아니었다. 비록 여호수아 군대의 기세와 큰 우박의 공격으로 전열을 잃고 퇴각했어도, 그들은 교묘하게 시간을 지체하는 지연작전을 펼쳤다. 시간을 벌려는 속셈이었다. 어두워지면 동맹군이 유리했다. 벧호론 산비탈은 그들이 수백 년 살아온 땅이다. 어두울 때까지 견딜 수만 있다면 지리에 밝은 그들이 전열을 정비하고 공격하면 승산이 있었다.

여호수아도 적들의 지연작전을 알아차렸다. 날이 어두워지기

전에 소탕하지 못하면 반격당할 것이다. 오늘로 일망타진해야 했다. 여호수아에게는 시간이 필요했다. 태양은 이미 중천에 올라서고 있었다. 골짜기의 태양은 금방 서산으로 넘어가고 어두움이 찾아들 것이다.

여호수아는 창조주 하나님을 찾았다. 그들에게 시간을 주실 분은 하나님이시다. 홍해와 요단강을 가르시고 여리고성을 무너지게 하신 여호와께서 태양과 달도 주관하신다. 시간은 태양과 달의 회전에 있는 것이 아니라, 여호와 하나님의 손에 있다. 여호수아는 감히 하늘을 향하여 특출한 기도를 하기 시작했다. 군사들은 물론 자신도 놀라 버린 대단한 기도였다.

● 여호수아가 여호와께 아뢰어 이스라엘의 목전에서 이르되 태양아 너는 기브온 위에 머무르라 달아 너도 아얄론 골짜기에서 그리할지어다 하매 수 10:12

아얄론 골짜기는 기브온 서쪽에 있는 지역으로, 레위 지파의 기업으로 준 바 되었다. 군사들은 여호수아 사령관의 기도에 당혹감을 느꼈지만 믿음으로 그 기도를 받아들였다. 그러자 갑자기 온 천지가 침묵 속으로 빠져들었다(수 10:13). 태양과 달이 그 자리에 머물러 꼼짝하지 않았다. 해와 달이 여호수아의 기도 줄에 묶여 버린 것이다. 창세 이래로 해와 달을 정지시키는 이 같은 기도를 한 사람은 없었다. 그것은 스케일이 엄청나게 큰 위대한 기도였다. 아울러 성령님의 역사로 된 기도였다.

여호수아도 처음부터 계획적으로 이런 기도를 한 것은 아닐 것이다. 전쟁의 다급함 속에서 하나님의 능력을 확신하며 자신도 모르게 강력한 기도 요청을 하게 된 것이다. 그러니 그것은 하나님의 영의 기도였고 역사였다.

여호수아의 명령 기도 혹은 선포 기도는 결코 무리한 기도가 아니었다. 그 기도는 하나님을 기쁘시게 했다. 하나님은 기도를 들으시고 우주의 원리를 잠시 중단시키셨다. 태양이 중천에서 몇 시간을 멈추었고 달은 올라오지 않았다. 하나님이 시간을 붙잡고 계셨다.

불가해한 이런 현상에 대한 이론이 있다. 태양과 달이 머물렀던 이 사건은 실제적인 일이 아니라 시적 표현이라는 것이다. 그러나 성경에 나타난 하나님의 초자연적인 사건을 사실 그대로 받아들이지 않으면 성경은 이것 빼고 저것 빼다 너덜너덜한 누더기가 된다.

성경은 초자연적 이적을 그대로 진술할 뿐이다. 사람의 이성에 동의를 구하는 책이라면 그것은 하나님의 말씀이 아니다. 그러므로 성경의 사실적 사건에 대해 우리의 이성을 믿음으로 수용하는 자세를 지녀야 한다. 그래야 성경이 하나님의 거룩한 말씀이 된다. 프랑스의 수학자요 물리학자인 블레즈 파스칼(Blaise Pascal)도 "이성을 십자가에 못 박는 것이 신앙"이라 하지 않았던가.

전에도, 후에도 이런 일은 없었다

가나안 정복 사건은 거룩한 전쟁, '여호와의 전쟁'이라고 불린다(삼상 18:17, 25:28). 전쟁의 승패는 하나님의 주권에 달려 있다. 전쟁에서 승리하려면 하나님이 승리를 주실 것이라는 사실을 믿고 용감히 싸워야 한다는 점이 요구된다(삿 3:27; 삼상 13:3). 하나님의 강한 힘을 믿는 자들에게 그분이 동원하실 무기는 무궁무진함을 이번 사건은 보여 주고 있는 셈이다.

● 여호와께서 사람의 목소리를 들으신 이 같은 날은 전에도 없었고 후에도 없었나니 이는 여호와께서 이스라엘을 위하여 싸우셨음이니라 **수 10:14**

기도는 사람이 하나님께 목소리를 올리는 것이고, 하나님이 사람의 목소리를 들으시는 것이다. 우리가 여호와께 목소리를 올려 드리면 하나님이 들으시고 우리를 대신하여 싸워 주시는 것이다. 하나님은 여호수아에게도 그리하셨다.

여호수아는 대승을 거두었다. 동맹군의 왕들은 죽임을 당했고, 이스라엘의 용맹함은 가나안 원주민들의 심장을 서늘하게 만들었다. 오그라진 그 마음 역시도 하나님의 영의 역사였다. 하나님의 영이 가나안에 다윗 왕국과 메시아 왕국을 세우시려고 이스라엘 군대와 함께하시며 때마다 강하게 활동하시며 역사하셨다.

그러므로 우리는 가나안에서의 전쟁을 통하여 여호수아와 그의 군대의 눈부신 활약을 볼 것이 아니라, 하나님의 영의 활동하심을 보아야 한다. 하나님을 의지하는 전쟁은 이기고, 자신을 의지하는 전쟁은 패한다. 기도하는 전쟁은 이기는 것이고, 기도가 없는 전쟁은 패하는 것이다.

미국의 제16대 대통령 에이브러햄 링컨(Abraham Lincoln)은 만인이 아는 '기도하는 대통령'이다. 그는 인생에서 넘어야 할 산들이 많았지만 그때마다 기도로 산을 넘었다. 특히 남북전쟁에서는 그에게 일생일대의 결단을 요구하는 순간들이 많았다. 1863년, 남군의 공격으로 북군이 크게 밀리는 상황이 벌어졌다. 북군의 사령관 링컨은 온 국민과 함께 기도해야 할 다급함을 느꼈다. 그래서 4월 30일 목요일을 '금식 기도의 날'로 선포하고 온 국민에게 동참을 호소했다. 기도의 힘으로 남북전쟁은 북군의 승리로 끝났다.

링컨은 전쟁 중에도 종종 병사들을 찾아 격려했다. 전쟁터에서도 기도생활은 멈추지 않았다. 대통령이 기도하는 시간에는 대통령이 머무는 막사 입구에 하얀 손수건이 걸려 있었다. 대통령의 기도를 알리는 손수건이었다. 기도의 손수건을 바라보는 병사들의 마음은 어땠을까? 전쟁이 끝난 후 링컨은 이렇게 고백했다.

"북군의 승리는 기도의 승리입니다. 우리에게 남군의 로버트 리 같은 명장이 없었음이 오히려 다행이었습니다. 그래서 우리는 더욱 기도로 하나님께 의지할 수 있었으니까요."

당시 인기 배우였던 제임스 머독(James Murdoch)이 대통령의 초청을 받아 백악관에 머물게 되었다. 새벽에 어디선가 들려오는 중얼거림 속에서 머독은 눈을 떴다. 그것은 링컨의 집무실에서 들려오는 소리였다. '벌써 참모 회의가 열렸나?' 했지만 그것은 링컨이 나라를 위해 기도하는 소리였다.

여호수아가 해와 달을 멈추게 한 사건은 기도가 얼마나 위력이 있는가를 보여 줌과 동시에 우리 신분의 양면성을 밝힘으로 우리로 하여금 더욱 기도의 자리로 나아가게 한다.

우리가 기브온 사람들이다. 우리는 예수 그리스도와의 언약 관계로 하나님의 종들이 되었다. 사방으로부터 공격을 당할 때 하나님께 도움을 구해야 한다. 하나님이 도와주신다! 또한 우리가 여호수아다. 모든 창조물을 주관하시는 하나님은 기도의 사람 여호수아의 기도를 들으시고 모든 자연의 현상 위에 그분의 권능을 펼치신다.

하나님은 오랫동안 하나님의 백성을 이런 주권적 권능의 역사로 승리하도록 돌보시며 그분의 심판으로 적들을 섬멸하셨다. 그리고 우리의 기도에 오늘 또 한 번 하나님의 권능을 만백성에게 나타내 보이실 것이다. 그러므로 기도하는 사람들만이 이런 기도의 도움을 받고 능력을 체험하게 된다.

하나님은 오늘도 우리를 위하여 싸우신다. 그 하나님이 우리를 도와주기 위해 대기 중이시다! 언제나 우리가 도움을 청하기만 하면 언약에 근거해서 당장 달려오신다. 하나님은 우리의 구원자 '여호수아'이시기 때문이다. 우리는 센 지원군을 두고 있는데, 가동만 되면 더 큰 일들을 보게 될 것이다. 센 기도로 한 번씩은 세게 살아보자.

8장

은혜는 죄를 이긴다:
삼손의 역전 기도(삿 16:18-22)

삼손은 사사기에 등장하는 12명의 사사 중에 마지막 사사다. 40년간의 블레셋 압제 기간 중 초기에 활동했다. 당시 이스라엘은 연례행사처럼 배도(背道)의 악순환을 거듭했다. 평안-범죄-이방나라의 침략-회개-하나님의 구원이 계속 반복되는 악순환의 역사였다.

사사기는 삼손의 생애를 13-16장, 무려 4장에 걸쳐 기록하고 있다. 성경에서 이만한 기록 분량은 아브라함, 이삭, 야곱 족장과 요셉, 모세, 다윗, 솔로몬 정도다. 인류를 대홍수에서 구원한 노아의 사적(창 6-9장)과 맞먹는 분량이다. 300년을 하나님과 동행했던 에녹조차도 단 4줄로 그의 생애를 요약하고 있다(창 5:21-24). 그에 비교해 기록이 4장이라니, 얼마나 대단한 인물인가. 그런데 그 분량은 결코 영광과 자랑이 아니다. 그것은 성공 보고서가 아니고 실패 보고서, 아름다운 믿음의 업적이 아니라 '얼마나 하나님을 실망하시게 했는가?'에 대한 자기 반성적 기록이다.

그렇다면 사사기 삼손의 기록은 "삼손을 본받아라. 삼손을 닮으라"라는 이야기가 아니라, "삼손을 본받지 말라. 삼손처럼 살지 말라"라는 경고를 해 주기 위한 내용이다. 삼손에 대한 분량이 늘어날수록 삼손의 불신앙, 방탕, 무절제 등도 많아진다. 차라리 삼손에게는 분량이 서너 줄로 끝났으면 좋았을 뻔했다. 실패 보고서는 길수록 좋지 않은 법이다.

그러면서도 삼손에 대해 나름대로 애정을 갖는 까닭은 우리 속에 삼손의 성향이 있다는 것이다. 이것을 마크 애터베리(Mark Atteberry)는 "삼손 신드롬"이라 한다. 강했으나 취약했던 남자, 이스라엘의 구원자로 출생했으나 죄를 짓고 장난질을 치다 가장 비참하게 최후를 마쳤던 남자 삼손. 그런 성향이 우리에게도 있다는 두려움 때문에 삼손을 대놓고 정죄할 수 없는 것이다.

최고의 금수저를 갖고 출발했다

'삼손'은 '작은 태양'이라는 뜻이다. 블레셋에게 압박당하는 약소 민족 구원의 등불로 선택받은 사람이다. 출생의 전조는 너무 좋다. 경건한 부모, 나실인 신분, 출중한 외모 등 이 정도면 그리스 신화의 헤라클레스와 같은 영웅이다. 요즘 흔한 말로, 삼손은 금수저를 갖고 태어난 사람이다.

삼손은 이런 좋은 조건에다 사사 12명 중에 가장 출중한 카리스마를 지닌 인물이다. 삼손처럼 성령이 임재하시고 성령으로 충만한 사람도 드물 것이다.

- 여호와의 영이 그를 움직이기 시작하셨더라 삿 13:25
- 여호와의 영이 삼손에게 강하게 임하니 삿 14:6
- 여호와의 영이 삼손에게 갑자기 임하시매 삿 14:19

이 구절들은 삼손의 힘이 어디에서 나오고 있는지를 명백히 보여 준다. 하나님에게서 공급되는 이런 힘을 잘 활용했다면 모세를 떠올리게 하는 업적 정도를 남겼을 것이다.

하지만 불행히도 삼손의 생애는 사사들 중에 가장 낭비하는 세월이 되었고, 맷돌을 돌리는 어릿광대로 마쳤다. 맷돌은 낭비가 아니라 생산적인 도구다. 고대 시대에 밀이나 보리 등을 갈아 냈던 도정 기구다. 굴곡의 생애가 맷돌의 용도까지 왜곡시켰다. 삼손에게 맷돌은 감동적이거나 사랑스러운 도구가 아니었다. 그의 손놀림은 비생산적이었고, 발놀림은 헛걸음질이었다. 그가 맷돌을 돌릴 때 어느 누구도 "감사하다" "수고한다"는 말 한마디 없었다. 오히려 왕년의 챔피언의 처량한 모습을 조롱하고 멸시했다. 차라리 조롱하는 모습을 보지 못하도록 눈이 뽑힌 것이 나았는지도 모르겠다.

어릿광대짓을 하는 자신을 보며 삼손은 무슨 생각을 했을까? 조롱하는 블레셋 사람들보다는 자신의 생애 자체가 어릿광대짓이었음을 탄식하고 있었을까? 그 좋은 힘과 성령의 능력과 출중한 외모를 갖고 태어났지만, 하나님과 민족을 위해서는 아무것도 해 놓은 것이 없는 자신의 무질서한 삶을 부끄러워했을까?

사나이 중의 사나이 삼손은 성령의 능력, 출중한 외모를 가진 누구나 쳐다볼 정도로 멋진 남자였다. 그렇지만 아쉽게도 진짜 멋진 남자는 아니었다. 구원자로 선택받은 사사지만 민족의 힘을 규합하거나 블레셋을 타도하려는 조직적 시도를 제대로 해 본 적이 없다. 그렇다면 삼손의 일생이 공허한 맷돌질과 다를 바가 뭐가 있을까. 그가 민족적 자존심을 세워 준 적이 있나, 사사로서 전쟁에서 승리를 한 적이 있나, 많은 여자 사이에 자식이라도 하나 제대로 얻었나. 삼손은 지금에야 맷돌을 돌리고 있는 것이 아니라, 실은 평생을 헛 맷돌 돌리기로 살아 버렸다. 얼마든지 성공할 수 있었던 강한 남자 삼손, 인생이 왜 이렇게 뒤죽박죽이 되어 버렸을까?

자기중심적인 성향을 다스리지 못했다

마크 애터베리는《삼손 신드롬》(이레서원, 2005)에서 그 이유를 설명한다. 자기를 다스리지 못한 성향 때문에 실패했다는 것이다. 이에 대한 몇 가지 설명은 다음과 같다.

- 경계선을 무시했다. 하나님이 주신 경계선이 나실인의 서원이다. 포도주 금주, 시체 접촉 금지, 단발 금지! 이것은 금기 사항이다. 삼손은 이를 무시하고 자기 소견대로 경계선을 넘나들었다.

● 정욕과 장난질을 했다. 플레이보이 기질이 있는 삼손에게 블레셋 여인들의 세련된 모습은 나방이 불꽃에 유혹되듯 그를 빨아들였고 그는 죄의 불을 가지고 불장난을 했다. 결국은 그 불에 온몸을 태워 버리고 만다.

● 훌륭한 조언을 무시했다. 훌륭한 조언은 약과 같은 것, 먹으면 효과가 있지만 먹지 않으면 아무 소용이 없다. 그는 경건한 부모의 조언에 귀를 기울이지 않았다.

● 자아가 강했다. 그의 생에서 가장 많이 나오는 단어가 '내가'이다. "나귀의 턱뼈로 내가 1천 명을 죽였도다." 그렇기에 누구의 말도 듣지 않고 '마이 웨이'(my way)를 고집했다.

● 규칙을 깨트렸다. 나실인의 규칙을 깨트리고 이방 문화에 어울리다 인생이 깨졌다. 뱀과 놀다가 뱀에 물리고 만 형국이다.

● 자신의 총명을 과대평가했다. 그는 지나치게 자신의 힘을 믿었다. 그래서 적들은 자기보다 더 교활하고 끈질기다는 점을 놓치고 말았다.

● 분노를 도구로 사용했다. 그는 한 번도 하나님을 위해 분노(의분)를 터트리지 않았다. 항상 자신의 이기심을 위해 분노를 사용했다. 자기의 분노를 제대로 분석하지 못했다. 분노의 이유, 분노의 대상, 분노의 수준을 조절하지 못한 것이다.

● 친밀한 관계를 어려워했다. 많은 블레셋 여자를 찾아다니면서도 어느 여성의 마음도 제대로 사로잡지 못했고 누구도 진정으로 사랑하지 못했다. 그가 육신적으로만 그녀들을 대했기 때문이다.

여자들은 예민해서 그런 심정을 다 안다. 그래서 여인들에게 배신을 당했다.

이를 종합하면, 삼손의 치명적인 약점은 모든 삶이 자기중심적이었다는 것이다. 그는 자신의 힘이나 장점 등을 하나님과 민족을 위해 사용하지 못했다. 자신의 육체적 성향을 따라가다 머리를 깎이고 어릿광대로 전락하는 지경이 된 것이다. 삼손의 이런 성향은 성령의 은사를 계속해서 공급받는 통로를 막아 버리는 결과를 가져왔다. 그렇기에 삼손은 지금 어떤 상태인가? 왕년의 영웅이 맷돌을 돌리는 어릿광대로 전락했기에 이방인들에게 하나님의 명예를 욕되게 했다. 삼손이라는 이름, '빛나는 작은 태양'이 아니라, 어둠의 나락으로 떨어진 패자의 모습이다.

혹시 이것이 오늘날 숫자적으로만 1등 종교인 한국 교회의 모습, 그리고 직분만 남아 있는 나의 모습은 아닌가? 한국 교회는 머리 깎인 삼손이 되어 조롱당하고 있는 것은 아닌가? 코로나19 상황에서 한국 교회는 이 모양, 저 모양으로 조롱거리 신세가 되고 있다.

그러나 죄인 괴수에게도 하나님의 은혜가 내린다. 사사기 기자는 이 사실을 알리고 싶어서 삼손의 이야기를 하고 있는 것이다. 삼손의 역전의 삶은 무엇을 통해 이루어졌는가?

부르짖는 기도로 역전하다

삼손은 그를 사랑했던 사람들과 반대의 삶을 살았다. 하나님의 비전, 부모의 기도, 나실인의 서원 등에서 모두 경건했던 부모와 백성들의 기대에 어긋나는 삶을 살았다. 기대가 컸던 만큼 동족들의 실망도 컸다.

그러나 그가 하나님의 약속을 어겼어도 하나님이 부모에게 하신 약속은 신실했다. 하나님은 삼손의 머리카락이 자라게 하셨고(삿 16:22), 그는 새 힘을 회복하고 있었다. 그 힘으로 막판에 회개 기도를 했다.

- 삼손이 여호와께 부르짖어 이르되 주 여호와여 구하옵나니 나를 생각하옵소서 하나님이여 구하옵나니 이번만 나를 강하게 하사 나의 두 눈을 뺀 블레셋 사람에게 원수를 단번에 갚게 하옵소서 **삿 16:28**

"나를 생각하소서!"

"이번만 나를 강하게 하소서!"

"원수를 단번에 갚게 하소서!"

삼손은 두 기둥을 붙들고 부르짖는 기도를 했다. 제대로 기도하고 제대로 사는 모습을 보여 주었다. 삼손은 기도를 시작할 때 자기중심에서 벗어나 하나님 중심의 사람으로 바뀌었다.

맷돌을 돌리는 삼손은 이미 끝난 것이다. 힘도 잃고 주변에 아무도 없었다. 대를 이어 줄 자식도 없었다. '이미' 패배 기운이 가득했다. 그러나 '아직' 남아 있는 것이 있었다. 신전을 받치고 있는 두 기둥, 부탁을 들어줄 소년, 더군다나 아직도 하나님의 약속은 유효했다. 곧 지붕이 무너졌고, 삼손이 평소에 죽인 사람보다 이때 죽인 원수들이 더 많았다. 인생 역전이다.

성경에 삼손 이야기가 4장에 걸쳐 기록될 수 있었던 것은 삼손의 출중한 힘을 자랑하거나 그의 방탕을 비난하기 위해서가 아니다. 이런 인간에게도 보여 주시는 하나님의 인내와 은혜를 나타내기 위함이다. 하나님은 우리에게 자격이 있어야만 사용하시는 분이 아니시다. 우리가 은혜를 받을 자격을 고루 갖출 때만 은혜를 주시는 분이 아니시다. 우리의 성공을 통해서만 영광 받으시는 분도 아니시다.

우리가 수없이 하나님을 배반하고, 5달란트를 가졌지만 1달란트를 받은 사람처럼 살아갈 때도 우리를 향한 하나님의 은혜와 기대는 변하지 않는다. 5달란트 받은 내가 본전치기 삶도 못 되고 빈털터리가 되어 인생의 어릿광대로 전락해 세상의 놀림을 당할 때도 나를 향한 하나님의 기대는 끝나지 않는다. 어떤 상황이든 뒤집을 역전 기도는 아직도 남아 있다.

우리가 믿음으로 온전한 삶을 살지는 못한다 해도 죄에 대해 상한 심령으로 하나님께 나가면 하나님은 뒤집기 은혜를 주신다. 은혜는 죄를 이긴다! 그러면 어떤 상황에서도 뒤집기는 가능하다. 그것을 삼손에게서 배울 수 있다. 비록 실패한 신앙이고 허투루 살아 버린 인생이지만 막판에 뒤집으려는 기도는 세다. 반전의 역사가 나타나기 때문이다.

9장

슬픔과 고난을 영광으로 만들다:
한나의 출산 기도(삼상 2:18-21)

사무엘이 자라던 시대는 회막까지도 죄가 침투해 온 발칙한 시대였다. 말씀이 희귀하고 이상은 보이지 않던 시절, 어떻게 사무엘과 같은 소년이, 기도의 사람 사무엘 같은 위인이 나타날 수 있었을까? 여기에는 그의 어머니 한나라는 기도의 태가 있었다. 한나의 기도가 없었다면 기도하는 사무엘도 없었을 것이다. 사무엘은 한나의 기도 가운데 잉태되었고, 태어났고, 어머니의 기도라는 백신이 있어 회막의 죄에 오염되지 않았다.

꼭 있어야 할 것이 없었다

사무엘을 낳기 전까지만 해도 한나는 불임증 여인이었다. 당시에 여인이 아기를 낳을 수 없으면 이혼의 조건이 되었다. 한나는 이혼도 두려웠지만, 어머니로서 자식을 갖고 싶었다. 아무리 남편의 사랑을 받았어도 자식이 없는 여인은 고통스러울 수밖에 없었다. 남편 엘가나는 아내의 허한 마음을 헤아렸다. 그래서 특별한 사랑을 베풀었다(삼상 1:5).

그러나 남편 엘가나의 사랑도, 호의도 불임증 한나의 빈 둥지를 채워 줄 수는 없었다. 거기다 엘가나의 다른 부인 브닌나가 자꾸 심기를 건드렸다. 격분하게 하여, 울고, 괴롭게 했다(삼상 1:6-7). 이중, 삼중으로 고통을 당하는 한나가 위로를 받을 곳은 없었다. 불임증 아내를 바라보는 남편의 마음도 안타깝기는 마찬가지였다.

● 한나여 어찌하여 울며 어찌하여 먹지 아니하며 어찌하여 그대의 마음이 슬프냐 내가 그대에게 열 아들보다 낫지 아니하냐 하니라 **삼상 1:8**

남편이 열 아들보다 낫다고? 이래서 남자들은 철이 늦게 든다. 어떤 남자들은, 아내는 남편 하나만 잘 만나면 문제없이 살 수 있다고 생각한다. 그러나 남편으로 되는 여인도 있고, 그게 안 되는 여인도 있다. 한나는 그게 안 되는 여인이었다. 그래서 한나의 시름은 깊어만 갔다.

내게 불임은 무엇인가? '불임'은 '꼭 있어야 할 것이 없는 그 무엇'이다. 그 '무엇'이 내게는 어떤 불임으로 존재할까? 그 공허함을 채우지 못해 이렇게 살아왔을까?

억울함을 기도로 해결하다

한나는 불임증과 갈등 문제를 해결하기 위해 브닌나와 싸우거나 남편을 들들 볶는 대신에 하나님 앞에 토로하는 쪽을 택했다.

- 한나가 마음이 괴로워서 여호와께 기도하고 통곡하며 **삼상 1:10**

여기서 한 발자국 더 나아갔다. 아예 서원해 버렸다.

- 서원하여 이르되 만군의 여호와여 만일 … 아들을 주시면 내가 그의 평생에 그를 여호와께 드리고 삭도를 그의 머리에 대지 아니하겠나이다 **삼상 1:11**

한나가 얼마나 열심히 집중해서 기도했던지, 제사장의 눈에는 취한 채 기도하는 주정뱅이 여인처럼 보였다(삼상 1:13). 어차피 영안이 어두운 제사장이었다. 그런 그는 술에 취해서 기도하면 안 된다고 나름대로 따끔하게 책망했다. 이에 한나는 "나는 마음이 슬픈 여자라 포도주나 독주를 마신 것이 아니요 여호와 앞에 내 심정을 통한 것뿐이오니 당신의 여종을 악한 여자로 여기지 마옵소서 내가 지금까지 말한 것은 나의 원통함과 격분됨이 많기 때문이니이다"(삼상 1:15-16) 하고 토로했다.

여기에 기도의 정의가 나온다. 기도란 '마음이 슬픈 자가 여호와 앞에 심정을 통하는 것'이다. '나의 원통함과 격분됨이 많기에 여호와께 그 억울함을 아뢰는 것'이다.

한나는 무엇이 슬픈 여자인가? 마음이다. 남편의 사랑으로도 채워지지 않는 그 마음은 여인에게 꼭 필요한 것에서 빈 둥지가 될 때 생긴다.

1970-1980년대 한국 교회에 왜 기도 운동이 활발했을까? 먹고 살기 힘들고 자식들에게 해 줄 것이 없었기에 하나님의 도우심을

구하려고 기도했다. 내 힘으로는 그 결핍(불임)을 해소할 수 없었기에 기도했다. 그 당시 모두 한나의 심정이었다. 그래서 한나를 소재로 하는 설교도 많았다.

한나는 슬픔으로 눈물을 흘리며 간절히 기도했다. 이에 하나님이 엘리를 통해 출산 응답의 확신을 주셨고, 한나는 "아멘!" 하고 돌아갔다. 그리고 사무엘을 낳았다. 기도가 응답된 것이다.

> 불임 치료 시 환자를 전혀 모르는 사람들이 기도해도 치료 효과가 높아진다는 연구 결과를, 한국과 미국 공동 연구진이 내놓았다고 〈뉴욕 타임스〉가 보도했다. 포천중문의대 차광렬 학원장(컬럼비아 의대 교수)과 로저리오 로보 컬럼비아 의대 산부인과 과장은 〈생식의학회지〉(*Journal of Reproductive Health*)에 이 같은 연구 결과를 발표했다.
>
> 두 사람은 1998-1999년 불임 치료를 받은 환자 199명의 사진을, 실험 내용을 전혀 모르는 상태에서 미국, 캐나다, 호주에 있는 각기 다른 기독교 종파 신자들에게 주고 이들이 임신에 성공하도록 기도해 달라는 부탁을 한 뒤, 기도를 해 주는 사람이 없는 환자 그룹과 임신 성공률을 비교했다. 그 결과 환자를 전혀 모르는 사람들이 기도를 해 준 불임 치료 여성들의 임신 성공률이 기도를 해 주는 사람이 없는 여성들보다 2배나 높은 것으로 나타났다.
>
> 공동 연구자인 로보 박사는 "연구 결과가 도저히 있을 수 없는

일처럼 느껴졌다"며, "하지만 두 그룹 사이의 임신율 차이는 너무 컸기 때문에 무시할 수 없었다"라고 말했다.*

좋은 일보다 좋은 일을 주신 하나님을 주목하다

한나는 드디어 불임증이 해소되고 출산했다. 아들 사무엘을 낳고 기쁨과 감격을 이기지 못해 노래했다. 한나는 하나님이 주신 선물 이전에, 선물을 주신 하나님께 감사와 찬양과 영광의 기도를 올렸다. 하나님의 마음에 감동을 드리고 사람에게 감동을 주는 것은 찬양 기도다.

한나가 드린 찬양 기도는 사무엘이 아니라 오직 하나님이 주인공이시다. 이것이 중요하다. 하나님이 아기 사무엘을 주셨을 때 한나는 이렇게 노래했다.

● 내 마음이 여호와로 말미암아 즐거워하며 내 뿔이 여호와로 말미암아 높아졌으며 내 입이 내 원수들을 향하여 크게 열렸으니 이는 내가 주의 구원으로 말미암아 기뻐함이니이다 **삼상 2:1**

여기서 한나가 드린 찬양 기도의 몇 가지 특징을 알 수 있다.

"내 마음이 여호와로 말미암아 즐거워하며."

한나는 '마음이 슬픈 여자'였다. 하나님은 한나의 기도를 기억하사 아들을 주셨고, 슬픈 여자는 즐거운 여인이 되었다. 사무엘 때문이 아니다. 오직 여호와로 인해 마음이 기쁜 것이다.

---

* 연합뉴스, "제3자 기도가 불임치료 효과 높여 준다〈한·미 연구진〉", 2001.10.03. https://news.naver.com/main/read.naver?mode=LSD&mid=sec&sid1=104&oid=001&aid=0000103899(2021년 8월 13일 접속).

"내 뿔이 여호와로 말미암아 높아졌으며."

'뿔'은 짓밟힘을 당하는 비참한 처지다. 그동안 코가 납작해져서 '콧대'가 죽었다는 것이다. 남들이 자식을 자랑할 때 자식이 없는 것으로 끝나지 않고 죄인 취급을 당했다. 그것은 멸시이며 조롱이었다. 앞에서는 위로하는 척하면서 뒤에서는 조롱했다. 한나는 브닌나 때문에 얼마나 뿔이 꺾였으며 코가 낮아졌을까. 그러나 이제는 하나님이 한나의 콧대를 높여 주신 것이다. 그래서 한나는 하나님에 대한 찬양 기도를 드렸다.

"내 입이 내 원수들을 향하여 크게 열렸으니."

한나는 실로 장막에 올라가서 아들을 놓고 기도할 때도 대놓고 하지 못했다. 그래서 "속으로 말하매 입술만 움직이고 음성은 들리지 아니하므로"(삼상 1:13) 엘리는 그녀가 취한 줄로 착각했다. 그러나 이제 아들을 얻은 한나는 크게 감사의 찬미를 올렸다. 한센병에서 구원을 받고 돌아온 사마리아인처럼 하나님으로 인하여 기뻐했다.

"이는 내가 주의 구원으로 말미암아 기뻐함이니이다."

이것이 진정한 믿음의 찬양이고 감사의 기도다. 좋은 일이 있을 때는 하나님을 잊어버리기가 쉽다. 아브라함조차도 이삭을 키우는 재미로 잠시 하나님에 대한 경외심에 태만함이 왔다. 그래서 모리아산에서 이삭을 번제로 드리라는 하나님의 요구를 받게 된 것이다.

한나는 응답받은 이후에 더 조심하고 하나님께 더 정성을 들였다. 이런 마음이 사무엘을 성전에 맡기고 끝까지 기도 후원자로 남게 했다. 중보 기도와 후원을 통해 사무엘은 사사 시대와 왕정 시대의 연결자로, 건국의 아버지로, 두 왕을 세운 인물로 직책을 감당할 수 있었다.

내게 좋은 일이 생길 때 좋은 일보다는 좋은 일을 주신 하나님을 주목해야 한다. 이것이 제대로 된 기도다. 응답받은 후에 내 기도가 시들해졌다면 제대로 기도한 것이 아니다. 기도 응답 후에도 조심해야 한다. '하나님, 그분 자체'에 감사해야지, '하나님의 선물'에만 연연한 나머지 하나님에 대해 무심한 일이 있어서는 안 된다. 우선순위가 잘못되면 오히려 응답 때문에 잘못된다. 굳이 예를 든다면, 주일에 학원을 보내느라 예배를 드리지 않고 일류대학에 보낸 자식 자랑을 하다 그 자녀가 믿음을 잃어버리는 경우다.

한국 교회는 영적 생산성이 감소한 지 오래다. 교회가 불임이면 아무것도 아닌 일에 열심을 낸다. 정작 열심을 내야 하는 일에는 열심을 내지 못하고, 열심을 내지 말아야 하는 일에 열심을 낸다. 이것이 교회 안에 들어온 직분 계급이고 갈등이며 분쟁이다. 세속화나 은사 중심의 신앙생활이다. 그러면 교회는 존재의 의미를 상실하게 되고, 생명력을 잃은 교회는 사명을 잃은 교회가 되고, 짠맛을 잃은 소금처럼 사람들에게 밟히고 만다.

우리의 사명이 예배당을 만들고 개인의 영적 성숙만을 위해 애쓰는 동안에 교회의 생산력은 떨어지고 말았다. 교회의 진정한 사명은 영혼 구원인데, 그것은 소수의 몫으로 치부되었다. 그래서 지금 한국 교회는 병증이 심하다. 세상에 대한 사명을 포기한 상태에서 세상과 담을 쌓게 되자 영향력을 잃게 되었고, 교회는 면역성이 약해져 병에 걸리고 시들어 가고 있다.

이제 출산 기도의 회막으로 나아가자. 한나의 출산 기도를 시작해야 한다. 불임증에 걸렸던 한나는 울며 속상했고 원통해 브닌나와 갈등도 있었지만, 사무엘을 낳자 하나님을 찬양했고 감사하며 기쁨으로 춤추었다. 그러자 이후 세 아들과 두 딸을 계속 출산하게 되었다.

한나는 문제 상황에서 슬픔의 시간을 보냈지만, 기도의 자리로 이동해서 눈물을 웃음으로 바꾼 기도하는 여인이다. 슬픔을 당했을 때 분노로 처리하여 망가지는 사람이 있고, 기도로 인생을 역전시키고 성화가 되는 사람이 있다. 기도를 통하여 슬픔과 고난을 영광으로 만들어 내는 그리스도인이 된다면 그 사람이 바로 우리 시대의 한나다. 불임증으로 말라 가는 한국 교회에 영적 불임증을 치료하고자 하는 특단의 센 기도가 나와야 한다. 보통 센 기도가 아니면 영적 불임증을 해결할 수 없기 때문이다.

10장

죄를 거름으로 삼아 인생을 리셋하다:
다윗의 참회 기도(시 51:5-12)

다윗에게 결코 잊을 수 없는 두 이름이 있다. 거인 골리앗과 아름다운 여인 밧세바다. 원수요 험악한 골리앗은 다윗에게 영성과 승리를, 아름다운 여인 밧세바는 오히려 다윗의 영성을 파괴했으며 실패를 가져다주었다. 그러나 성군 다윗으로 만들어 준 것은 놀랍게도 골리앗이 아니라, 수치와 고통을 안겨주었던 밧세바다. 만약에 다윗에게 계속 승리가 있고 죄의 수치가 없었다면 영웅은 되었어도 성군이 되지는 못했을 것이다. 밧세바의 이름은 그에게 수치와 실패가 되었지만, 가슴팍에 새겨진 '주홍 글씨'처럼 따라다니던 그 이름 때문에 다윗은 성군이 될 수 있었다.

교회는 잘나가는 사람들을 모아 영웅을 만드는 곳이 아니라, 수치스럽고 실패한 인생을 모아 성자로 만들어 가는 기도 학교다. 그것은 자기 성찰과 회개의 눈물 기도를 통해서 이루어진다.

다윗의 비열함

다윗은 간음죄를 저질렀고, 죄를 은폐하기 위해 온갖 비열한 방법을 동원했다. 밧세바 태중의 자기 아이를 남편인 우리아의 아이로 둔갑시키려다 일이 틀어지자 살인교사죄를 범한 것이다. 우리아가 전쟁에서 전사하여 그의 죄는 철저히 숨겨진 것 같았다. 한 사람 요압 장군만을 제외하고서. 잠시나마 하나님은 염두에 두지 못했다.

다윗은 숨겨진 죄로 인해 서서히 기쁨을 잃었다(시 51:12). 다윗의 죄는 현대인으로서는 용납하기 힘든 죄목이지만 지금부터 3,000년 전 당시의 제왕으로서는 용납될 수 없는 죄는 아니었다. 사람을 상대하는 왕이었다면 그 죄를 얼마든지 부인하고 정당화할 방법을 찾아내려 했을 것이다.

다윗은 하나님 앞에서 자신을 보았다. 어떻게 해석해도 그것은 죄였다. 하나님이 기뻐하지 않으신다면 다윗도 기뻐할 수가 없었다. 하나님이 심히 슬퍼하신다는 사실을 알았다. 그것은 하나님의 이름을 왜곡되게 하는 일이었다. 자연히 가장 결정적인 것들을 상실하게 된다. 하나님의 사람들은 죄와 동행할 수 없는 거룩성을 지닌다.

● 하나님이여 내 속에 정한 마음을 창조하시고 내 안에 정직한 영을 새롭게 하소서 시 51:10 – 나는 정직한 영을 상실했습니다.

- 나를 주 앞에서 쫓아내지 마시며 주의 성령을 내게서 거두지 마소서 **시 51:1** - 나는 성령의 충만을 상실했습니다.
- 주의 구원의 즐거움을 내게 회복시켜 주시고 자원하는 심령을 주사 나를 붙드소서 **시 51:12** - 나는 구원의 즐거움과 자원하는 심령을 잃었습니다.

내게 구원의 즐거움이 사라졌다면, 자원하는 심령이 없어졌다면 어떤 이름 때문일까? 그렇다면 그 사람과의 관계 때문에 나의 즐거움과 자원하는 심령이 사라진 것일까? 아니다. 그것은 핑계다. 결국은 하나님과 나의 관계다. 나의 자존심, 매사를 부정적으로 보는 나의 시각이 내 속에 죄성으로 자리 잡았고, 그 불평과 분노가 하나님과 사이가 멀어지게 했고, 오늘 나의 마음에서 구원의 즐거움과 자원하는 심령을 삼켜 버렸던 것이다.

다윗의 빠른 회개

왕궁 선지자인 나단이 찾아와 죄를 지적했다. 왕은 죄 앞에서 흐느꼈다. 왕이 울다니! 나라를 빼앗겨서 우는 왕은 있었다. 자식이나 왕비를 먼저 떠나보내고 우는 왕은 있었다. 그러나 죄 앞에서 흐느끼는 왕은 다윗뿐이다. 죄 앞에서 우는 왕은 골리앗을 죽였을 때보다 더 진한 감동을 준다. 하나님이 기뻐하시는 순간이다. 왕이 울었다는 것은 하나님 앞에서 어린아이가 되었다는 것이고, 그만큼 위엄에 찬 왕복을 벗어젖히고 하나님 앞에 알몸으로 섰다는 뜻이다. 그것은 죄에 대한 체면치레나 적당한 포장이 아니다. 상한 심령의 흐느낌이다.

● 하나님께서 구하시는 제사는 상한 심령이라 하나님이여 상하고 통회하는 마음을 주께서 멸시하지 아니하시리이다 시 51:17

이것이 다윗이 하나님의 마음에 맞는 사람(행 13:22)이 될 수밖에 없는 요인이다. 다윗은 왜 이렇게 죄에 대해서 빨리 반응할 수 있었을까?

●마음이 청결한 사람이었기에 숨겨진 죄가 마음에 더 괴로움을 주었다. 그동안 청결했던 그의 삶이 죄로 오염되어 너무 괴로웠기 때문이다. 구원의 즐거움도 잃어버리고 자원하는 심령도 잃어버렸다.

●하나님을 사랑한 사람이기 때문이다. 그는 자신의 죄가 하나님의 이름을 오염시켰다는 사실을 알았다. 죄는 하나님을 모욕한 것이며 하나님의 주권에 저항하는 반역이다. 그 죄로 하나님을 조롱하고 만 것이다. 내가 사랑하는 사람의 마음을 아프게 하는 것처럼 아픈 일이 또 어디 있을까. 하나님의 이름을 오염시키는 일을 하면서 얻는 것은 전쟁의 승리든, 그 어떤 찬사든 소용이 없었다. 그렇기에 그의 삶은 즐거움을 잃을 수밖에 없었다.

●사울의 생애에서 너무 충격적인 사실을 교훈받았다. 하나님이 떠나신 심령이 얼마나 황폐해지는지를 보았다. "나도 그렇게 된다면! 오, 하나님, 그럴 수는 없습니다. 사울처럼 살 수는 없습니다. 사울처럼 버림받을 수는 없습니다!"

다윗은 악신에 사로잡혀서 물불을 가리지 않던 사울의 모습이 너무 무서웠다. 그렇기에 나단 선지자의 책망 앞에 재빨리 회개의 자리로 돌아섰다. 죄를 하나님의 이름과 연결시키기 전까지는 '죄의 흔적을 어떻게 은폐할 것인가?'를 궁리했지만, 이제 그의 유일한 염려는 '거룩하신 사랑의 하나님께 내가 어찌 그런 모욕을 끼쳐 드렸단 말인가!'로 좁혀졌다. 그 사실을 알고 다윗이 처음 한 일은 죄를 자백하며 흐느낀 것이다.

다윗의 흐느낌은 정적인 것이지만, 그는 동적인 것으로 확장시켰다.

- 우슬초로 나를 정결하게 하소서 내가 정하리이다 나의 죄를 씻어 주소서 내가 눈보다 희리이다 시 51:7
- 주의 얼굴을 내 죄에서 돌이키시고 내 모든 죄악을 지워 주소서 시 51:9

"나를 인자히 여기소서. 내 죄를 도말하소서. 말갛게 씻기소서. 주의 얼굴을 내 죄에서 돌이키소서. 깨끗이 하소서. 정결케 하소서. 정한 마음을 창조하소서. 새롭게 하소서. 건지소서. 내 입술을 열어 주소서."

다윗은 통회하며 죄를 자백했다. 자백은 죄에 대한 인정이며, 내 죄의 심각성에 대해 하나님의 판단에 동의하며 하나님 편에 서서 죄에 대항하는 것이다. 그는 죄의 청산을 위해서 "우슬초로 나를 정결하게 하소서"라고 호소했다. 눈, 상상, 생각, 의지, 양심뿐만 아니라 그의 모든 오관이 피로 정결케 되기를 호소한 것이다.

다윗의 성화

다윗은 침상에 엎드려 밤을 새워 가며 참회의 눈물을 흘렸다. 간절한 고백과 간청은 평생 계속되었다. 밧세바의 이름은 두고두고 사랑스러운 이름이면서 동시에 수치스러운 이름이 되었다. 다윗은 그 이름을 평생 가슴에 달고 회개의 자리로 나갔기에 성군이 될 수 있었다. 하나님이 밧세바에게서 솔로몬을 출생하게 하신 것도 다윗의 성화를 도왔다. 참회 기도가 그를 성군으로 만든 것이다. 배신의 실패가 있었던 베드로가 닭 우는 소리에 성자가 되어 가듯이 말이다.

나다니엘 호손(Nathaniel Hawthorne)의 《주홍 글씨》는 청교도 식민지 시대 미국의 보스턴에서 일어난 간통 사건을 다룬 소설이다. 사악한 늙은 의사(틸링워드)와 결혼한 헤스터는 남편보다 먼저 미국으로 건너가 살다가 펄이라는 사생아를 낳았다. 청교도 시절이기에 그녀는 '간통'을 뜻하는 'adultery'의 약자인 'A' 자를 평생 가슴에 달고 살라는 형을 선고받았다. 상대는 누구였을까? 여인은 7년을 가슴에 묻고 혼자서 십자가를 지고 갔다.

7년 후 새로 부임한 지사의 취임식 날, 젊은 목사 딤즈테일은 설교를 마친 후 비틀거리며 처형대에 올라갔다. 목사는 헤스터와 펄을 불러 세우고 자기의 가슴을 헤쳐 보였다. 가슴에는 놀랍게도 'A' 자가 새겨져 있었다. 사랑하는 여인 헤스터와 자기 소생이 고통당하는 모습을 보면서도 모른 척했고 그만큼 괴로웠던 양심이 결국 가슴에 형벌의 글자를 만들어 놓았던 것이다. 딤즈데일은 그 자리에서 죄를 고백하고 쓰러져 죽었다.

이후에도 헤스터는 'A' 자를 달고 살았다. 그녀의 성스러운 삶에, 가슴에 있는 'A' 자는 간통을 뜻하는 'A'가 아니라 'angel', 즉 '천사'의 약자인 'A'가 되었다. 헤스터의 죄가 오히려 그녀가 성자가 되게 하는 수단이 된 것이다.

이 작품은 17세기 미국의 어둡고 준엄한 청교도 사회를 배경으로 죄지은 자의 고독한 심리를 잘 묘사하고 있다. 스스로를 의인으로 생각해 평생 한 번도 가슴 깊은 곳에서 우러나오는 흐느낌이 없는 삶보다는, 비록 권장할 만한 것은 아니어도 죄 중에서, 숨겨진 죄 중에서도 죄를 깊이 통회 자복하며 흐느끼는 자들이 오히려 성화가 빠르다는 점을 보여 주는, 미국을 대표하는 작품이다.

앞서도 언급했지만, 다윗은 골리앗이라는 이름으로 성화되지 않았다. 밧세바라는 이름, 그에게 죄인이라는, 간음자와 살인자라는 불명예를 안겨 준 이름, 구원의 즐거움을 앗아 갔고 자원하는 심령을 가져가 버린 바로 그 이름으로 다윗은 오히려 성군이 될 수 있었다.

컴퓨터의 기능 중에 '리셋'(reset) 기능이 있다. 리셋은 컴퓨터 시스템의 일부가 과열 현상을 일으켜 동작이 이상해질 때 누르면 초기화 상태로 되돌려 놓을 수 있는 장치다. 다윗은 참회 기도를 통해 죄에서 원상태로 리셋할 수 있었다.

회개 기도는 하나님의 자비와 긍휼을 구하는 것이며, 원래의 상태로 되돌아가는 하나님의 은혜다. 다윗은 참회 기도를 통해 리셋 버튼을 눌렀고, 죄에서 다시 일어나 원래의 정결한 상태로 돌아가 구원의 즐거움과 자원하는 심령으로 주님을 섬기던 평안을 회복할 수 있었다. 이에 비해 사울은 죄를 회개하지 않는 사람들이 어떤 공황 상태에 빠지는가를 보여 주었다.

우리 인생에 두 이름을 말하라면 어떤 이름을 댈 수 있을까? 어떤 이름은 내게 성공과 기쁨을, 어떤 이름은 내게 실패와 수치를 안겨 주었을 것이다. 그런데 뜻밖에도 우리를 성스럽게 하는 이름은 고통을 주었던 바로 그 이름임을 알아야 한다. 그 수치스러운 이름을 붙들고 회개하며 용서함으로 기도할 때 성화가 일어나기 때문이다.

기독교는 죄를 오히려 영혼의 씻음과 거름으로 삼을 수 있도록 만드는 능력이 있다. 죄와 싸우되 져서 넘어졌다 해도 하나님께 기도함으로 리셋의 생애를 살아 내야 한다. 기도는 인생을 리셋하는 힘이 있다. 어떤 인간도, 어떤 죄도 기도의 리셋으로 하나님의 자녀로 회복된다.

11장

물어도 주님께 묻고, 따져도 주님께 따진다:
아삽의 원망 기도(시 73:1-3)

시편 73편은 아삽의 시다. 아삽은 언약궤 앞에서 제금을 켰고(대상 16:5, 15:19) 시편을 12편이나 작시했다(시 50, 73-83편). 음악적 재능만 아니라 시적 감각도 탁월한 사람이었다. 아삽에 대해 "선견자"(대하 29:30)라 호칭할 정도니 믿음은 얼마나 좋을까. 이렇게 믿음이 좋은 사람도 한때 그 믿음이 크게 출렁거렸다. 우리말로, 시험에 들어도 크게 들었다는 뜻이다.

아삽은 사적 감정이 아니라 공적 의문으로 시험에 들었다. 아삽은 하나님께 "왜 악인들이 번영하고 성공하느냐? 왜 착한 사람들이 고난을 겪고 불행하냐?"고 묻고 싶었다. 악인들이 웃고 선한 사람들이 울고 있는 이런 상황에 하나님은 도대체 무엇을 하고 계시냐는 것이다. 그래서 시편 73편은 하나님에 대한 일종의 항의문이다.

사실 평생 믿음의 길을 걸어가면서 하나님과의 관계를 한결같이 유지하는 일은 쉽지 않다. 어떤 때는 누구보다 뜨겁고, 어느 순간에는 이런 냉소자가 따로 없다. 은혜가 넘칠 때는 기분이 좋고, 은혜가 떨어지면 하나님도 원망스럽다. 아삽의 원망은 종종 우리의 심정을 대신한다.

왜 악인은 형통하고, 착한 사람은 안됩니까?

악인들은 하나님을 대적하지만, 오히려 주야장천 대물림으로 형통한다. 이에 아삽은 질투를 넘어(시 73:3) 하나님에 대한 끌탕으로 시험에 들었다. 아삽은 엄청나게 열받았다. "하나님을 믿어 봐야 소용없다. 양심적으로 살아 봐야 소용없다. 하나님이 내게 너무 못해 주신다. 양심껏 살아 봐야 재난만 당하는데 양심이 밥 먹여 주냐? 착하다는 인정이 내게 무슨 유익을 주었느냐? 우리 자녀들에게는 가난이 대물림되는데, 신앙은 소용없다"고 외친다(시 73:13-14). 마치 우리 심정을 대변해 주는 것 같아 이곳저곳에서 "옳소!" "옳소!" 하는 소리가 들리는 듯하다.

원래 아삽의 신앙관은 이러했다.

● 하나님이 참으로 이스라엘 중 마음이 정결한 자에게 선을 행하시나

시 73:1

이것이 동서고금을 막론한 사람들의 심중에 있는 권선징악의 개념이다. 하나님은 공의로우시고 정의로우시기에 착한 사람들은 잘되게 하시고, 악인들은 나쁘게 하신다. 아삽은 이런 하나님을 대

상으로 찬양해 왔고 지휘했다. 그런데 현실은 그 반대였다.

아삽의 불만은, 악인들은 하나님을 대적하지만 오히려 대물림으로 형통하는 현실적 상황에 대해 납득하지 못하는 점이다(시 73:3-9). '악인은 형통하고 착한 사람은 안된다'는 단순 논리로 세상을 보았다. 그리고 하나님을 향하여 불만의 길을 갔다. 그러자 교만이 왔다. 그는 자신은 깨끗하다고 했다. 그래서 복 받을 자격이 있는데 하나님이 안 주신다는 것이다. 그 자신도 하나님의 은혜 안에 있음을 몰랐던 것이다. 남들이 보기에는 그도 그냥 그런 존재다. 그런데도 자신에게는 낙관적으로 후한 점수를 주고, 남에 대해서는 비난했다.

남들이 어렵다는 하나님도 믿고, 주일 성수도 하고, 봉사도 하는데 하나님이 나를 축복하지 않으신다고 생각하는가? 그러면 구원의 감격과 기쁨을 누리기보다는 어느새 당연히 축복을 받을 자격을 갖춘 내게 왜 축복하지 않으시냐며 따지게 된다. 이런 자세를 '자기 의'라고 한다. 아삽은 자기 의라는 교만에 빠지고 말았다.

무지함도 신앙 위기에 보탰다. 그는 하나님의 섭리를 몰랐던 것이다. 악인들의 생애가 어떻게 될 것인지, 그들의 자손이 나중에 어떻게 될 것인지를 주의 깊게 살피지 못하고 당장 눈앞에 보이는 인생의 한 토막 부분만 보고 하나님께 "이후부터는 막 살겠다" 하며 덤볐다. 이런 경우 취할 수 있는 길은 모순으로 가득 찬 세상을 내 힘으로 뒤집어 놓겠다고 무력으로 나아가든지, 아니면 현실에서 도피하는 것이다. 혹은 함부로 막 사는 길을 택한다. 감사하게도 아삽은 바른길을 선택했다.

세상살이 고민을 안고 성전으로 올라가다

악인들의 형통과 선한 사람들이 당하는 고난, 여기에 대한 하나님의 무응답, 이것이 아삽을 괴롭혔고 그의 찬양을 흔들리게 했다(시 73:16). 답이 나오지 않았다. 오히려 생각할수록 더 분하고 갑갑했다. 가슴이 아프고 골치가 아팠다. 얼마나 골머리를 썼던지 두통이 올 정도였다. 그래서 아삽은 하나님께 따졌다. 납득할 만한 설명이 없이는 억지로는 하겠지만 넘치는 기쁨과 감사함으로 지휘할 수는 없다는 것이다. 예배 때마다 찬양하는 한국 교회의 아삽 찬양대원들 중에도 이런 의문들이 있다.

'이렇게 열심히 하나님을 찬양하고 봉사하는데, 왜 나는 안되고, 그것도 모자라 내 자식까지도 안될까?'

묻고 싶고 따지고 싶은 말들이 많지만, 꾹 참고 찬양을 하는 날도 많다. 신앙인들이 의문에 싸여 하나님께 섭섭함을 토로하는 일은 가능하다. 같은 상황에 있어 보았기에 이해가 된다. 그러나 여기까지가 하향 커트라인이다. 더는 아래로 내려가면 안 된다. 아래로 넘어가면 아삽의 심정(시 73:2)까지 간다. '넘어질 뻔! 미끄러질 뻔!'이 아니라 아예 넘어지고 미끄러져 버린다. 그러면 신앙 포기, 하나님 포기, 교회 포기 등 '삼포' 인생이 된다.

아삽은 믿음의 뿌리가 있었다. 그러니 악장(樂長)이었다. 찬양만으로는 악인들의 형통과 신앙인들의 불행이라는 딜레마를 해결할 수가 없었다. 찬송에 입을 다물어 버리고 지휘봉을 내던진다고 해결될 문제가 아니었다. 찬양의 입술이 마르니 두통이 계속되었다. 악인들의 형통이 꼴 보기 싫고 질투가 났다.

그러나 아삽은 여기에서 멈추지 않고 두통이 있는 머리를 감싸고 다음 행동으로 옮겼다. 아삽은 성전에 들어가서 기도했다.

● 하나님의 성소에 들어갈 때에야 그들의 종말을 내가 깨달았나이다

시 73:17

이 말씀을 쉬운성경은 "그러나 하나님의 성전으로 나아가서야, 비로소 그들에게 무슨 일이 일어날지 깨닫게 되었습니다"라고 말하고, 메시아성경은 "하나님의 성소에 들어가서야 비로소 전모를 파악했습니다"라고 번역하고 있다. 아삽은 부조리한 세상살이 고민을 안고 성전으로 올라가 기도하다 현실의 문제를 풀어냈다.

나를 넘어지게 하고 미끄러지게 하는 딜레마를 해결하는 방법이 내게는 없다. 이해가 되든 안 되든, 응답이 되든 안 되든 하나님이 보여 주실 때까지, 알려 주실 때까지, 풀어 주실 때까지 성전에서 멀어지지 말고 기도하면서 엎드려 있어야 한다. 예수님의 발치를 떠나지 않았던 마리아처럼(눅 10:39) 성전에 엎드려 하나님 앞에서 무릎으로 해결을 봐야 한다.

하나님을 떠나고 교회를 떠난다고 인생의 문제가 해결되는 것이 아니다. 모든 일에는 하나님의 섭리가 있다. 빨리 해결된다고 능사가 아니요, 속한 응답만 요구해서 될 문제가 아니다. 하나님의 섭리가 나타날 때까지 견디는 힘을 달라고 성전에서 기도하면서

하나님을 바라보아야 한다. 믿음의 용기와 인품을 포기하지 말아야 한다. 용서를 구할 것은 구하고, 슬프면 울고, 분노는 견디면서 하나님의 처분을 기다려야 한다. 낮추면 낮아지고, 때리면 맞고, 콧대를 낮추시는 하나님 앞에 성전에서 기도 자세로 엎드려야 한다. 다른 데로 도망가지 말고, 다른 곳으로 숨지 말아야 한다.

한 노인이 산책길에 나섰다. 젊은 시절에는 사회를 개혁하자는 취지의 새 물결 운동의 최일선에 섰던 저명인사다. 산책길에서 그를 아는 젊은이를 만났다. 젊은이는 노인에게 존경의 목례를 보낸 후 "지금까지 어떤 길을 걸어오셨습니까?" 하고 물었다. 노인이 답했다.

"내가 젊었을 때는 하나님께 세상을 변화시킬 힘을 달라는 기도를 했지. 인생이 얼마나 덧없는가를 조금씩 깨닫게 되었던 중년에는 가족과 친구들이 나와 함께 평안히 살도록 기도했네. 그러나 인간의 우둔함을 깨달은 지금은 그 무엇보다, 그 어떤 변화보다 나를 변화시켜 달라는 기도를 드리고 있다네. 처음부터 이런 기도를 드렸다면 아마 내 인생은 달라졌을 거야."

하나님의 섭리를 깨닫다

아삽은 하나님 앞에 기도드렸다. 하나님이 기도 중에 응답을 주셨는데, "주께서 참으로 그들을 미끄러운 곳에 두시며 파멸에 던지시니"(시 73:18)라는 말씀이었다. 악인들은 어느 정도, 어떻게 미끄러질까? 졸지에, 놀랄 정도로, 경악할 정도로(시 73:19) 미끄러지듯이 파멸한다. 그렇다면 악인들의 형통은 일장춘몽, 꿈과 같은 것이요, 모래 위에 세워 놓은 시시한 신기루와 같은 겉만 번지르르한 건물에 불과하다(시 73:20).

아삽은 성전에서 악인들의 종말에 대한 깨달음을 얻었다. '악인들의 형통이 얼마나 가겠느냐. 산이 높을수록 골도 깊다. 졸지에 미끄러지는 순간이 온다'라는 깨달음에 아삽은 "아하, 그렇구나!" 하며 그 입에서 하나님에 대한 죄송함으로 탄성이 터져 나왔다. 이런 탄성이다.

"하마터면 하나님의 본심을 놓칠 뻔했습니다. 죄송합니다."

하나님은 선하신 분이고, 착한 이들을 선대하시고, 믿음을 귀하게 보시는 분이다. 그분의 사랑, 인도, 보호, 축복하심을 하마터면 놓칠 뻔했기에 넘어질 뻔했고 미끄러질 뻔했다는 것이다. 성전에서 기도하고 또 기도하면서 하나님의 본심을 알게 되니 눈에 보이는 것이 전부가 아니었다. 한두 해, 한두 세대로 끝나는 것이 전부가 아니라는 것이다. 하나님의 상선징벌(賞善懲罰)의 물레방아는 천천히 굴러가지만, 물레방아 바퀴가 천천히 찧어 가면서 알곡과 쭉정이를 다 구별하더라는 것이다. 이런 사실을 하마터면 놓치고 미끄러질 뻔했다는 고백이다.

그래서 내린 결론은, "하나님께 가까이함이 내게 복이라 내가 주 여호와를 나의 피난처로 삼아 주의 모든 행적을 전파하리이다"(시 73:28)라는 고백이다. 주를 멀리하는 자는 일시적으로 잘될지 모르지만 나중은 망한다(시 73:27). 오직 여호와께 가까이하는 이들은 때로는 힘들어도 그 자체가 항상 복이다. 왜? 하나님이 복의 근원이시기 때문이다.

아삽은 체험적으로 하나님을 알았다. 고민과 갈등 끝에 성전에서 기도하는 중에 제대로 하나님을 체험하는 체험 신앙을 갖게 된 것이다. 이후 그의 지휘법이 달라졌을 것이다. 이런 확신에 찬 지휘자의 지휘에 찬양대원들은 얼마나 행복했을까. 그들의 찬양을 들었던 당대의 신자들은 아름다운 영혼의 찬송에 얼마나 은혜를 받았을까.

아삽의 자손들은 계속해서 성전에서 찬송을 부르는 직무를 맡았으며(대상 25:1-2), 바벨론 포로에서 귀환한 그의 자손들은 성전 기공식 때 찬송을 부르기도 했다(스 2:41; 느 7:44). 아삽은 더 이상 흔들리지 않는 믿음을 후손들에게 대물림해 준 것이다. 가장 귀한 유산을 물려준 행복한 선대요, 가장 좋은 선물을 대물림받은 후손들이다. 성전에서는 모든 문제를 기도의 틀에 놓으면 해피 엔드(happy end)다. 그래서 성전 기도는 힘이 세다.

12장

하나님의 능력 있는 손의 도움을 구하다:

야베스의 성공 기도(대상 4:9-10)

성경을 읽어 나가다 지루해서 더 이상 앞으로 나가기 힘든 부분이 출애굽기 후반부와 레위기, 그리고 역대상·하다. 특히 역대상은 아담으로부터 시작해 바벨론에서 귀환한 사람들의 이야기를 지루하게 나열한다. 9장까지만 해도 500명이 넘는 생소한 이들의 이름이 나오니 무슨 재미가 있을까. 4장에도 44명의 이름이 사건이나 설명 없이 나온다. 너무 지루해서 성경 책장을 탁! 덮으려는데 갑자기 이름 하나가 불쑥 소개된다.

- 야베스는 그의 형제보다 귀중한 자라 **대상 4:9**

그리고 아무 일도 없었다는 듯이 다시 이름들이 이어진다. 역대기 사관은 야베스에 대해 뭔가 특별한 메시지를 전달해 주려 했을 것이다. 족보를 기록해 나가다 그냥 넘어갈 수 없는 중요한 사람이기에 "잠깐만요, 야베스라는 사람에 대해서는 반드시 짚고 넘어가야겠습니다" 하면서 기록해 놓은 것이 역대상 6장 9-10절이다.

야베스는 그가 한 '일' 때문이 아니라 그가 한 '기도' 때문에, 그리고 이후에 일어난 기도의 '응답' 때문에 기록에 남겨진 인물이다. 야베스는 한 사람이 바르게 기도하기로 작정했을 때 자신은 물론이거니와 한 시대, 한 교회에 어떤 변화와 역사가 일어나는가를 교훈해 주는 기도 스승이 되어 걸어 나오고 있다.

복에 복을 더해 주십시오

야베스의 어머니는 아들을 낳을 때 고생을 많이 했던 것 같다. 그래서 아들의 이름을 '야베스'라 정했다. 야베스의 뜻은 '고통'으로, '고통을 불러오다' '고통을 불러올 것이다'라는 의미를 지닌다.

모든 어머니는 자식의 이름을 세상에서 가장 좋은 뜻을 가진 이름으로 지어 주고 싶다. 필자도 큰애는 지혜롭기를 바라는 마음에서 '지훈'으로, 둘째는 명철하게 살라고 '명훈'으로 지었다. 야베스의 어머니는 그 좋은 이름을 다 놓아두고 '고통'이라 지었다. 뭔가 그의 출생이 평범하지 않았음을 알 수 있다. 심하게 입덧을 했든지, 사생아였든지, 남편이 반대하는 아이였든지, 무슨 이유에서든 축복받으면서 태어난 아이는 되지 못했다. 얼마나 마음에 남았으면 아이의 이름을 '너는 엄마의 마음을 괴롭게 했다' '앞으로 더욱 엄마의 마음을 아프게 할 것이다'라는 심정으로 '야베스'라 명명했을까.

야베스는 자라면서 자기 이름에 얽힌 사연을 알았을 것이다. '고통' '고통스럽게 할 것이다.' 그러나 야베스는 이름에 담긴 예언적 의미를 거부했다. 장래에 대한 침울한 징조에도 굴하지 않고 하나님께 자신의 미래를 맡기기로 작정했다. 이름에 담긴 뜻이 아니라 하나님께 자신의 운명을 걸었다. 출생 신분, 출생할 때 어머니의 고통, 축복받지 못한 출생 한계에 자신을 가두어 놓지 않았다.

그는 하나님을 주목하기 시작했다. 어떠한 인간적 한계, 이름에 예언된 어떠한 고통의 운명도 수용하지 않았다. 그는 단호히 거절하고 하나님 앞에 기도하기 시작했다. 기도의 무릎으로 그의 운명을 돌파하고자 한 것이다. 야베스는 예언적인 자기 이름에 자기의 운명을 걸지 않고 기도로 운명을 개척했다.

● 복에 복을 더 하사 **대상 4:10, 개역한글**

야베스는 하나님께 기도할 때 복을 달라고 기도했다. 이름으로 볼 때 복 없이 태어났고, 앞으로도 계속 고통을 불러올 삶이었다. 그러나 그것은 인간의 한계이고, 출생의 한계에 불과했다. 사람을 바라보고 환경을 바라보면 복이 없는 고통의 생애지만, 진정한 복은 환경이나 부모, 조상, 사람에게서 오는 것이 아님을 그는 알았다. 그래서 하늘을 향해 눈을 들어 하나님께 위대한 기도를 드리기 시작했다.

"하나님, 복을 주시되 복에 복을 더하여 주십시오!"

가슴속에서 읊조리는 기도가 아니다. 하늘을 향해 고개를 쳐들고 산이 듣고, 짐승들이 듣고, 땅을 분배하는 지도자들이 모두 듣도록 큰 소리로 하나님께 기도하는 내용이다. 복을 달라고, 복을 더 달라고, 작은 복에서 큰 복을 달라고, 한 번 주셨으니 두 번 주시고, 세 번 주시고, 수없이 달라고 간구했다. 그는 기도로 유년기의 상처와 좌절감을 극복했다. 그래서 그의 기도는 힘이 세다!

지역을 넓혀 주십시오

야베스 당시는 가나안을 정복하고 약속의 땅을 분배받던 때였다. 아버지의 이름이 없고 출생 자체가 환영받지 못한 형편이기에 그의 몫의 땅은 얼마 되지 않았다. 이리 살다가는 가난이 그의 주소가 될 것이다. 이럴 때는 원망에 빠지기 쉽다. 광야 이스라엘 백성이 그랬다.

야베스는 자기 밭을 걸어 보고 말뚝의 경계를 재어 보다가 한 가지 사실을 깨달았다. '나는 이보다 더 많은 것을 위해 태어났음이 분명하다'라고 말이다. 하지만 현실은 초라했다. 어떻게 해 볼 도리가 없었다. 빽도 없고 물려받은 재산은 고작 그것이 전부였다. 그렇지만 야베스는 그 한계에 갇히지 않고 자신에게 더 큰 지역을 주시고, 더 넓은 삶의 영역으로 확장해 주실 분은 하나님이시라는 사실에 주목했다. 자기가 물려받은 작은 영역에서 그는 "하나님, 너무 좁습니다! 나의 지역을 넓혀 주옵소서"라고 기도했다. 그러니까 이런 기도다.

"나의 삶의 영역을 넓혀 주옵소서. 나의 활동 영역을 넓혀 주옵소서. 이곳은 너무 좁습니다. 나에게 더 큰 기회를 주십시오. 하나님을 위해 더 많은 일을 하게 해 주십시오."

야베스는 원망과 불평 대신에 비전을 품는 기도를 택했다.

> 하버드대학교와 MIT에서 교수를 역임했고 신시내티대학교에서 총장을 역임했으며 지금은 지도자 연구센터를 운영하는 워렌 베니스(Warren Bennis)가 미국 최고 기업 500개 기업 경영자들과 공공기업 책임자들 중에 놀라운 성공을 거둔 90명을 3년간 추적 연구하여 그들의 성공 비결 가운데 가장 공통적인 것 한 가지를 찾아냈다. 그들은 하나같이 큰 비전을 가진 사람들이었다.*

야베스는 지금이 아니라 멀리 바라보면서 세게 기도했다. 야베스가 드린 "지역을 넓혀 주십시오"라는 기도는 단순히 땅에 관한 이야기, 부동산에 관한 이야기가 아니다. 기회를 넓혀 주시고, 마음의 씀씀이를 넓혀 주시고, 나의 비전을 크게 해 주시라는 것이다. 우리도 그 기도에 우리 기도를 묶어야 한다. 내가 그렇게 못 살았어도 자녀들을 위해서는 기도라도 크게 해 주자. 그리고 우리의 기도를 새롭게 하자.

"하나님, 우리 가정의 지역을 확장시켜 주십시오. 사업장의 지역을 확장시켜 주십시오. 우리 교회의 선교 영역을 확장시켜 주옵소서!"

---

* 김준곤, 《예수칼럼》(증보판), (순출판사, 1989)

환난을 벗어나 근심이 없게 하소서

야베스는 이름 그대로 고통이 많았고 환난도 많았다. 근심도 있었다. 그는 삶의 경험을 통하여 환난과 근심을 벗어나는 법을 알았다. 다른 것으로는 이런 상황들을 타개할 수가 없었다. 오직 '도우시는 하나님의 손'이 필요했다. 그래서 세게 기도했다.

● 주의 손으로 나를 도우사 나로 환난을 벗어나 내게 근심이 없게 하옵소서 대상 4:10

야베스는 운명적으로 자신에게 있었던 삶의 환난, 근심을 기도제목으로 삼아 하나님께 매달렸다. 내 힘이나 누구의 도움이 아니라, 하나님이 하나님의 손으로 나를 도와주시면 된다고 믿었다. 하나님의 도우시는 손 외에는 환난과 근심이 사라질 수 없다는 사실을 알았을 때 야베스는 하나님의 손에 자기 삶의 애환을 맡겼다.

'하나님의 손'은 하나님의 임재와 능력, 보호와 인도, 공급을 묘사하는 성경적 표현이다(수 4:24; 삼상 7:13). '하나님의 손이 함께하신다'라는 말의 신약적 의미는 '성령 충만'이다. 성령이 충만히 임하실 때 하나님의 강력한 권능을 체험했고, 전혀 다른 에너지가 넘쳤으며, 활달하고 창조적인 사람으로 변화를 받았다. 초대 교회 당시 하나님의 손이 함께하실 때 놀랄 만한 역사가 나타났고, 장막이 확장되었으며, 부흥이 현실이 되었다.

우리나라는 강대국들의 틈바구니에 있다. 북한은 핵으로 무장하고 있다. 각자 개인적인 환난도 있다. 야베스가 당했던 근심도 있다. 자녀들은 방황하며 가정은 고통당하고 있다. 누가 우리를 도와줄 수 있으며, 환난과 근심에서 벗어나게 해 줄까? 야베스는 "하나님, 주의 손으로 나를 도우사 나로 환난을 벗어나 내게 근심이 없게 하옵소서"라고 기도했다. 이런 기도다.

"어머니의 근심과 아내의 근심, 그리고 우리 자녀들의 근심이 없어지게 하옵소서. 이 모든 환난을 벗어나게 하옵소서."

이 기도에서 강조점은 무환난이나 무근심이 아니라, 하나님의 손에 인도받는 삶이다. 우리도 하나님의 손을 바라보아야 한다. 도우시는 손, 일으켜 세워 주시는 손, 위로해 주시는 손을 바라보아야 한다. 도와주실 이가 누구신가? 힘이 되어 주시고 피난처가 되어 주실 분이 누구신가? 그 사실을 바르게 인식하고 그분을 향해 손을 들고 도움을 요청해야 살 수 있다. 하나님의 손만이 우리로 하여금 근심과 환난에서 벗어나게 해 주신다.

야베스는 구했다. 하나님 외에는 운명을 벗어날 길이 없었기에 기도로 하나님께 매달렸다. 그리고 하나님은 "그가 구하는 것을 허락"하셨다(대상 4:10하). 야베스는 복에 복을 더 받았다. 지역에 지역이 더 확장되었다. 운명적인 환난과 근심을 벗어나게 되었다. 야베스는 어느 정도의 성공에서 멈추지 않고 계속적인 하나님의 도움의 손길을 갈망했을 것이다. 기도는 연속성, 지속성, 확장성이 있어야 한다. 어느 정도 응답받았다고 중단하면 응답은 받았지만 그 응답이 인격의 성화에까지 힘이 되어 주지는 않는다. 야베스는 응답받은 후에도 계속 기도생활을 했을 것이다.

야베스는 "그의 형제보다 귀중한 자"가 되었다(대상 4:9). 야베스는 기도를 많이 한 것이 아니라, 하나님이 기뻐하시는 바를 정확하게 기도했다. 그래서 기도로 엄청난 대박을 쳤다. 기도는 대박을 치는 힘이다.

이제는 내 차례다! 여호수아는 해와 달을 멈추게 하는 센 기도를 했다면, 우리는 운명이 나를 어쩌지 못하도록 하나님의 능력 있는 손의 도움을 구하는 기도를 하자. 그러면 하나님이 야베스처럼 '구하는 것을 허락'하시고, 우리도 내가 한 '일'보다 내가 한 '기도'를 통해 대박 인생을 살아갈 수 있다. 기도의 힘이 세기 때문에 나 또한 대박 인생을 기대해도 된다.

13장

정직과 자족을 구하다: 아굴의 평생 기도(잠 30:7-9)

성경에는 유명한 인물들과 그들의 기도문이 많다. 지금까지 살펴본 인물들과 그들의 기도는 얼마나 대단한가. 기도만 잘해도 수지가 맞고 자신에게 맡겨진 사역을 잘 감당해 냈음을 확인할 수 있다. 그러나 성경은 유명 인물들의 성공 자서전이 아니다. 성경의 주인공은 하나님이시다! 하나님이 사용하신 사람들의 역사다. 무명의 인간도 하나님의 손에 붙들리면 능력자가 되고 위대한 업적을 남긴다. 아굴과 같은 사람이 그렇다.

아굴 역시도 야베스처럼 기도문 한두 줄로 나름 유명한 사람이다. 그러나 그는 야베스처럼 반짝하는 축복의 기도가 아니라, 평생 기도 제목으로 유명해졌다. 야베스의 기도문은 대중적이고, 아굴의 기도문은 마니아(mania)들이 많다.

우선순위의 기도

'아굴'은 '모으는 자' '돈으로 고용된 자'라는 뜻으로 야게의 아들이라 소개된다(잠 30:1). 누구는 솔로몬이라고 하고, 르무엘왕의 형제, 혹은 유다 왕 히스기야 가문에 속한 사람 중에 하나로 보기도 한다. 어떻든 아굴은 평생을 걸고 기도해야 할 기도 제목을 갖고 살았다. 특이한 사람이다.

● 내가 두 가지 일을 주께 구하였사오니 내가 죽기 전에 내게 거절하지 마시옵소서 잠 3:7

분당우리교회 이찬수 목사는 2018년 신년감사예배 설교에서 아굴의 기도를 이렇게 정리했다.

"힘든 세상 살다 보니까 우리 삶에서 급하게 응답받아야 될 기도가 많다. 그러나 그러한 것들로만 채워져서는 곤란하다. 중요하지 않지만 급한 기도가 있다. 그런데 평생 급한 것 때문에 중요한 기도를 못 드린다면 그것은 위험하다."
"아굴에게 배워야 할 것이 무엇인가? 기도의 우선순위를 세우는 것이 중요하다. … 아굴은 본질적인 것을 놓고 기도했다."

그렇다. 일시적인 응답에 급급해하는 내용이 아니다. 평생 좌우명과 같은 기도문이며 기도 제목이다. 우리 삶에서 물질, 건강, 급한 소원, 다양한 기도 제목 등 빨리 응답받아야 될 기도가 많다. 그러나 그러한 것들로만 우리 기도의 중심을 채워서는 곤란하다.

아굴에게는 당장 중요하지는 않지만 일생을 걸고 하는 기도 제목이 있었다. 당장 급한 기도 때문에 중요한 기도를 드리지 못하는 사람에게 아굴은 기도의 우선순위를 말한다. 살면서 밥 굶지 않으려는 기도가 급해서 본질적인 기도를 놓치지는 않는지 항상 점검하게 하는 기도다.

아굴은 하나님 중심의 삶이 배어 있는 사람이었다. 그래서 중심을 잡아 주는 기도를 했다. 사람의 육체는 영혼을 담는 그릇이고, 영혼은 육체의 가치 기준이다. 둘이 중심을 잘 이루어야 한다. 두 축 중 한쪽으로 기울면 그만큼 사명을 제대로 감당하지 못한다.

솔로몬은 잠언 3,000개를 말했고 시편은 1,005편을 만든 지혜자다. 산천초목을 다 알았다(왕상 4:32-33). 그러나 그는 전도서를 썼다. 전도서의 많은 내용이 허무를 말한다. "인생이 헛되고 헛되니 다 헛되도다!"라고 말이다. 왜 허무가일까? 인간적 지혜가 100이라면 하나님을 담는 영성도 100이어야 하는데, 영성은 10이고 지혜는 90이었다. 그러니 인간적인 지혜로 많이 기울어져 버린 것이다. 인간의 지혜를 최종 목적지로 삼는다면 그것은 허무가 된다.

아굴은 이런 종말을 알았다. 그래서 한쪽으로 기울어지지 않는 중용(中庸)의 기도, 내면을 위한 기도, 육신을 위한 일용할 양식의 기도들을 평생의 기도 제목으로 삼고 기도했던 것이다.

영혼을 위한 기도

아굴의 기도는 물질보다 정신적인 면을 중시하고 있다. 그래서 야베스와는 달리 첫 번째 기도 제목을 “헛된 것과 거짓말을 내게서 멀리하옵시며”(잠 30:8)로 정하고 평생을 기도했다. 아굴은 평생 구하지 말아야 할 것, 얼씬거리지 말아야 할 것을 정리했다.

● 헛된 것(허탄): 모든 거짓된 모습, 거짓된 행복의 외양들, 헛된 기대들

● 거짓말: 모든 속임수, 겉치레, 지키지 못할 약속 등

아굴의 기도의 중심은 한마디로 정직한 삶이다. 하나님 앞에서의 정직이다. 그는 하나님을 제대로 알았다. 하나님의 속성은 정직이며, 하나님은 수양의 제물보다 정직을 원하신다.

구약 성경에서 왕들을 평가하시는 하나님의 기준은 ‘여호와께서 보시기에 정직했는가, 정직하지 못했는가?’로서, 이 기준으로 가름하신다. 세상은 ‘전쟁에서 이겼는가, 성읍을 건축했는가, 업적들을 남겼는가?’로 평가하지만 성경은 하나님 앞에서 정직하면 선왕이요 성공한 왕이요, 하나님 앞에서 정직하지 못하면 업적에도 불구하고 악한 왕이고 실패한 왕이라고 한다(왕상 15:5, 26, 34).

유대인에게 ‘기도’라는 히브리어 단어 ‘히트파레르’는 ‘자신을 저울에 달아 본다’는 의미가 있다. 유대인은 기도할 때마다 하루 동안 내 행위가 얼마나 옳았는가, 얼마나 정직했나를 하나님의 저울, 하나님의 기준에 비추어 본다. 그래서 유대인들은 정직하다. 정직은 개인의 산물이 아니라, 부모에게서 물려받은 소중한 유산이다.

유대인 아버지가 아들과 백화점 중고 매장에 들러 양복을 샀다. 집에 들어와 포장지를 뜯어 보니 양복 주머니에 반지가 들어 있었다. 아들이 수지맞았다며 "아버지, 아무도 모르는 반지예요. 이건 아버지의 것입니다!"라고 말했다. 그러자 아버지는 아들을 데리고 매장에 가서 반지를 돌려주었다. 주인은 "옷을 사신 분이 반지의 주인입니다. 오늘은 행운이 굴러 들어온 날입니다!" 하며 사양했다. 그때 아버지는 아들의 얼굴을 한 번 바라보더니 이렇게 대답했다.

"저는 옷을 샀을 뿐입니다. 반지를 구매한 적은 없어요. 저는 유대인이거든요!"

모든 과정을 지켜본 아들은 아버지로부터 평생 잊지 못할 '유대인의 정직'을 배운다. 반지보다도 훨씬 값진 교훈이다. 이와 같은 정직이 유대인의 힘이고 조국을 지켜 내는 원동력이다.

미국인들이 가장 존경하는 대통령 평가에서 부동의 1위는 에이브러햄 링컨이다. 링컨의 대통령 시절에 그의 보좌관은 위(胃)가 반쪽밖에 없었다. 그 보좌관을 싫어했던 사람이 "그 사람은 위가 절반밖에 없습니다. 그래서 일을 잘하지 못할 것입니다" 하며 그를 모함했다. 그때 링컨이 말했다.

"사람은 위의 크기로 평가받아서는 안 됩니다. 사람은 정직의 크기로 인정받아야 합니다."

링컨은 평소에 정직했다. 링컨이 변호사로 있을 때 누가 사건을 의뢰했다. 자료들을 살펴보니 의뢰인이 범법자였다. 링컨은 "당신을 변호할 수 없소"라고 말하며 단호히 거절했다. "왜 그러시오? 돈을 많이 주겠소"라고 하는 의뢰인에게 링컨은 말했다.

"내가 먹을 것은 하나님 아버지께서 이미 약속하셨으니 불법을 행할 수 없소."

정직이라는 유산은 종이 한 장 써 준다고 물려지는 것이 아니다. 부모가 정직하게 살아야 유산이 된다. 거짓말 연구로 명성이 높은 폴 에크만(Paul Ekman) 교수에 따르면, 사람들은 사소한 거짓말부터 거대한 속임수에 이르기까지 다양한 형태의 거짓말을 평균적으로 8분에 한 번씩 하루에 200회나 한다고 한다. 악의적인 거짓말을 시작하는 나이는 고작 8살에 불과하다.

하나님의 백성은 정직을 놓고 많이 기도해야 한다. 그래야 기도가 하나님의 거룩을 만들어 낸다. 이런 이들이 좋은 기도자다. 좋은 기도는 '옳은 생활자'라는 것을 뜻한다.

물질을 위한 기도

아굴은 평생을 걸고 생활 규범처럼 삼아야 할 두 번째 기도 제목을 이렇게 말했다.

● 나를 가난하게도 마옵시고 부하게도 마옵시고 오직 필요한 양식으로 먹이시옵소서 **잠 30:8**

너무 물질에 연연하지 않고 먹고살 만큼의 양식을 구함이 아굴의 평생 기도 제목이다.

아굴은 왜 일용할 양식을 구했는가? 거룩한 선민으로서 하나님과 관계가 있다. 배가 부르면 누구나 영적인 간절함이 사라지고 약자에게 갑질을 하게 된다(잠 30:9). 없던 사람들이 있게 되면 교만병에 드는 모습을 많이 목격한다. 잘 섬기던 겸손한 분들이 교회의 중직이 되면 목이 뻣뻣해진다. 그것을 종교 계급, 교회 벼슬로 생각하기 때문이다.

그래서 아굴은 "너무 부하게 하지 마소서"라고 기도했다. 부(富)를 하나님으로 삼는 변질의 인생이 될까 두려워했다. 부하면 교만하고 타락할까 봐 지나친 부를 경계했다. 하나님이 주신 재물을 신으로 삼지 않고 오직 하나님만을 경배하는 믿음을 기도했다.

아굴은 가난한 것도 경계했다. 가난하면 선행에 그만큼 기회가 없기 때문이다. 좋은 일을 하고 싶어도 돈이 없으면 못하고, 헌금을 하고 싶어도 마음뿐 할 수가 없다. 전도서는 "돈은 범사에 이용되느니라"(전 10:19)라고 말한다. 가난하면 너무 물질에 연연하게 되고, 여유가 없고, 초라해진다. 그리스도인으로서 당당함을 잃어버리게 되는 경우가 많다.

그래서 아굴은 돈의 노예도 되지 말고, 돈의 주인도 되지 않기를 기도했다. 하나님이 맡기신 물질을 선한 일에 잘 사용하는 청지기가 되기를 기도했다. 결국 하나님 중심으로 사는 삶의 다짐이다. 그 기도는 "먼저 그의 나라와 그의 의를 구하라"(마 6:33) 하신 예수님의 정신과 맞닿아 있다.

우리의 기도가 아굴의 기도가 되려면 자족해야 한다. 어차피 인생은 많아도 부족하고, 모자라도 넘친다. 바울도 "먹을 것과 입을 것이 있은즉 족한 줄로 알 것이니라"(딤전 6:8)라고 말했다. 만족은 마음먹기에 달려 있다. 만족하는 법을 배우지 못하고 하나님으로 자족하지 않으면 인생은 항상 부족하고 모자란다(잠 27:20). 인생의 만족은 소유가 아니라 마음먹기에 달려 있다. 자족이 없으면 항상 없는 것을 탄식하며, 인생 자체가 '없음'의 연속이다.

아굴의 평생 기도 제목은 정직과 자족이었다. 무엇을 먹을까, 더 가질까, 더 얻을까 궁궁하지 않고 정직함과 자족함을 평생 기도 제목으로 삼았다. 지역을 넓혀 달라 기도한 야베스가 더 바르게 살았을까, 아니면 가난하게도 부하게도 말고, 허탄한 데 마음을 두지 않기를 평생 기도 제목으로 삼았던 아굴이 바르게 살았을까? 바르게 구했기에 아마도 아굴이 바르게 살았을 것이다.

아굴의 기도를 통해 알 수 있듯이, 중요한 것과 긴급한 것을 구분하여 기도의 우선순위를 정하는 것이 중요하다. 하나님 중심의 기도와 나 중심의 기도 중에 어느 기도를 더 많이 하고 있는가? 하나님 중심의 기도를 해야 한다. 그래야 구하는 기도가 내 성화를 돕는 도구가 된다.

아굴은 기도의 제목대로 살았다. 정직한 기도가 정직한 아굴을 만들어 냈다. 이처럼 기도는 기도하는 대로 기도자를 이끌어 갈 만큼 힘이 세다! 그렇기에 기도가 세면 삶도 세진다.

14장

세상에 무릎 꿇지 않는 기도자가 되다:
갈멜산의 대결 기도(왕상 18:30-40)

엘리야의 기도는 묵상의 정적인 기도가 아니라, 팔팔 뛰는 동적인 기도다. 엘리야는 타고난 성품에 하나님의 역사가 임하니 비록 짧은 기간이지만 열정맨으로 살게 되었다. 그는 용광로와 같은 사람이었다. 그래서 기도조차도 무엇이라도 태우고 녹여 버릴 만큼 강렬했다.

엘리야 선지자는 북이스라엘 왕 아합과 아하시야 왕정 시대의 선지자다(주전 876-852년경). 용기와 신앙심을 겸비한 사람으로, 아합과 이세벨 부부의 우상 숭배와 정면으로 대결했다. 그는 기도할 때 하늘에서 불이 내려오고 물이 내려온 하나님의 사람이다. 혜성같이 나타났다가 혜성같이 사라진 사람 엘리야는 짧고 굵게 살았다.

엘리야는 당연히 세례 요한의 예표이지만, 베드로와도 어떤 면에서는 같은 기질을 가졌다. 용감하고 혈기가 있었다. 생각보다는 행동이 앞섰다. 이런 사람들이 목숨을 내던진다. 당시 이스라엘 역사에서는 가장 악독한 우상 숭배자 아합 정권에 맞설 투사가 필요했다. 선지자들은 거의 멸족당했다. 그렇기에 하나님은 막무가내로 덤비는 열혈 전사가 필요하셨다.

지금 한국 사회는 정적인 신앙을 할 때가 아니다. 그러면 같이 휩쓸려 간다. 내 신앙을 드러내고 시대를 거스르며 살아가야 하는 대결의 시대다. 그렇기에 때로는 예수님을 믿는 것이 불편하고 힘들어야 한다. 때로는 객기 같은 믿음도 필요한 시대다.

오바댜는 숨기고, 엘리야는 싸운다

하나님은 엘리야가 막무가내로 혼자 싸우게 두지 않으셨다. 기도 후원자들을 숨겨 놓으셨다. 동적인 엘리야가 사역할 수 있었던 까닭은 배후에서 조용히 기도하는 정적인 신앙인들이 있었기 때문이다.

하나님은 엘리야를 결투사로 출전시키시려고 그릿 시냇가에서 훈련하셨다. 훈련이 끝나고 전면전을 할 때가 되었다. 하나님은 3년 동안 아합과 싸우는 데 필요한 조건들을 마련해 놓고 계셨다. 궁정 대신을 원군으로 숨겨 놓으신 것이다. 그는 바로 오바댜다.

● 아합이 왕궁 맡은 자 오바댜를 불렀으니 이 오바댜는 여호와를 지극히 경외하는 자라 이세벨이 여호와의 선지자들을 멸할 때에 오바댜가 선지자 백 명을 가지고 오십 명씩 굴에 숨기고 떡과 물을 먹였더라 **왕상 18:3-4**

이세벨 왕비는 여호와의 선지자들을 멸하는 정책을 썼다. 엘리야가 가뭄을 선포하며 도전했을 때, 그로 인해 가뭄이 들자 이에 대한 보복으로 선지자들을 죽였다. 이런 긴장된 시기에 궁정 대신 오바댜는 선지자 100명을 굴에 숨기고 떡과 물을 공급해 주었다. 목숨을 건 행동이었다.

하나님이 사람을 부르시고 사용하시는 방법은 다르다. 엘리야는 드러내서 싸우는 전사였고, 오바댜는 숨어서 선지자를 챙기는 사람이었다. 누가 더 훌륭하다 할 수는 없다. 오바댜는 직분이 높았지만, 직분보다 더 큰 일을 했다. 선지자 100명을 숨기고 먹여 살리는 일은 보통 믿음이 아니다. 그들이 먹는 양도 감당하기 힘들고 들키면 순교당한다. 그 두려움을 이겨 내는 믿음의 배짱이 오바댜에게는 있었다.

오바댜는 대결을 피하고 숨는 사람이다. 엘리야는 나서고 대결하는 사람이다. 대결하는 사람들도 필요하지만, 오바댜 같은 신자들도 필요하다. "가는 선교사들도 필요하고, 보내는 선교사들도 필요하다"는 말과 같은 맥락이다.

엘리야는 약을 올리고, 바알 선지자들은 약이 오른다

엘리야는 오바댜와 100명 선지자들의 기도 후원을 받으며 도전장을 내밀었다. 이세벨의 밥상에서 먹는 바알의 선지자 450명과 아세라 선지자 400명을 갈멜산으로 모아 "하늘에서 어떤 신이 불을 내릴까? 참 신을 증명해 보자"는 대결을 제안한 것이다.

바알은 자연력을 지배하는 생산과 번영의 신이자 태양과 불의 신이다. 불로 응답하는 일은 전문 분야다. 그러나 바알 선지자들이 날뛰었지만 끝내 침묵했다. 사실 침묵이 아니라 그들은 허공에 대고 소리를 지른 격이었다. 어차피 만들어진 허구의 신이기 때문이다. 엘리야가 바알 신의 가장 핵심적 요소를 공략하여 허구성을 드러내는 방식은 모세가 10가지 재앙으로써 애굽의 신들을 무색하게 한 것과 비슷하다(출 7:14-12:36).

엘리야 선지자는 슬슬 약까지 올렸다.

● 정오에 이르러는 엘리야가 그들을 조롱하여 이르되 큰 소리로 부르라 그는 신인즉 묵상하고 있는지 혹은 그가 잠깐 나갔는지 혹은 그가 길을 행하는지 혹은 그가 잠이 들어서 깨워야 할 것인지 하매 **왕상 18:27**

바알 선지자들은 약이 올라 팔팔 뛰었으나 바알은 응답하지 못했다(왕상 18:28-29). 추종자들은 자학하고 가학하면서까지 제사를 지냈지만 없는 신이 나올 리가 없다. 450명이 한 명에게 '쪽' 팔릴 정도가 아니라 '목숨'을 팔릴 위기에 처했다. 그들의 모습을 상상해 보라. 엘리야의 생애는 이처럼 타인으로부터 도전을 받는 것이 아니라 오히려 도전했다. 그에게서 믿음의 용기를 본다.

다윗에게서도 그런 도전 정신을 볼 수 있다. 골리앗에 대해 사울과 그의 군사들이 어떻게 했는가? 다윗은 어떻게 도전했는가? 사울은 약을 올리는 골리앗의 말에 죽은 목숨이 되었고, 다윗은 오히려 골리앗을 살살 약 올리고 용맹하게 나아갔다. 이런 신앙 객기가 우리에게 필요하다. 하지만 우리는 사울과 그의 군사들처럼 문제 상황 앞에서 쪼그리고 숨어 있는 신앙인은 아닌가?

바알 선지자들은 죽고, 엘리야는 용맹을 떨치다

바알에게서 응답이 없자 이방 선지자들은 주저앉아 버렸다. 일단 여기까지는 엘리야의 승리였다. 그러나 엘리야의 신도 응답하지 않으면 역시 거짓 신이다.

이제 엘리야가 기도의 무대에 올라섰다.

● 아브라함과 이삭과 이스라엘의 하나님 여호와여 주께서 이스라엘 중에서 하나님이신 것과 내가 주의 종인 것과 내가 주의 말씀대로 이 모든 일을 행하는 것을 오늘 알게 하옵소서 여호와여 내게 응답하옵소서 내게 응답하옵소서 이 백성에게 주 여호와는 하나님이신 것과 주는 그들의 마음을 되돌이키심을 알게 하옵소서 **왕상 18:36-37**

엘리야가 간절히 기도하자 하나님의 영이 움직이셨다. 여호와의 불이 내려서 번제물과 나무와 돌과 흙을 태우고 도랑의 물을 핥았다.

갈멜산 결투는 엘리야의 한판 승리로 끝났다. 엘리야의 승리는 하나님의 승리였다. 하나님의 승리는 엘리야의 승리이자, 오바댜의 승리이고, 그와 함께 숨어 기도하던 100명 선지자들의 승리였다. 바알에게 무릎을 꿇지 않았던 7,000명 무명 성도들의 승리였다. 우리가 중보하며 기도할 때 누군가는 승리자가 될 것이고, 그들의 승리로 하나님의 역사가 나타날 때 우리도 승리자가 된다.

엘리야와 오바댜는 상반되는 역할을 했다. 그럼에도 두 사람 모두 훌륭한 성도들이다. 엘리야는 목숨을 걸고 싸움을 걸었다. 대결을 회피하지 않고 정공법으로 나가는 믿음이다. 오바댜는 목숨을 걸고 타인을 지켰다. 대결을 피하고 자신의 믿음과 타인을 지키는 지혜다. 이처럼 자기의 처지와 상황에서 나름대로 믿음을 지키고 타인의 믿음까지 책임을 진다는 것은 매우 훌륭한 일이다. 그러나 때로는 그 특성이 바뀌어 나타나야 한다. 어느 성질에 뿌리를 내려 버리면 성령의 역사가 아니라 사람의 특징만 나타난다.

아폴로 13호를 달에 띄울 때 미항공우주국 나사(NASA) 관계자들은 "아폴로 13호는 과학을 총망라해 만든 것이다. 고장 날 확률은 100만분의 1이다"라고 말했다. 하지만 100만분의 1의 확률이 현실로 나타났다. 아폴로 13호는 지구를 떠나 약 32만 킬로미터 벗어났을 때 산소통이 터졌고, 비행사들은 영원한 우주의 미아가 될 운명에 처했다. 그때 대통령을 비롯해 모든 국무위원, 국회의원들이 오전 9시를 기해서 하나님 앞에 기도했다. 이후 아폴로 13호는 무사히 태평양에 떨어졌다.

비행사가 우주선에서 내려 제일 처음으로 한 일은 군목의 손을 잡고 하나님께 기도드린 일이었다. 우주 비행사 잭 스위저트(Jack Swigert)는 기자 회견 석상에서 다음과 같이 간증했다.

"우리는 지구에 계신 여러분들과 함께 하나님께 열심히 기도했습니다. 기도의 힘으로 돌아왔다고 확신합니다."

기도가 아폴로 13호를 살려 낸 것이다. 기도는 이렇게 능력을 발휘하는 현재형 무기다.

지금 한국 교회는 어느 때보다 위기에 처해 있다. 무신론의 공세, 동성애, 이슬람의 공격적 포교, 양심적 병역 거부, 차별금지법, 이단 등 수많은 위기 앞에서 오바댜의 자기와 타인 믿음의 보호와 엘리야의 대결 정신을 잘 조화해 한국 교회를 지키고 변절에서 보호해야 한다.

이 일은 기도의 능력으로 가능하다. 인간은 자기 성품과 기질의 영향을 받는다. 따라서 조용한 사람은 평생 조용하게 신앙생활을 하고 기도조차도 그렇게 하겠지만, 때로는 성령 충만해 뜨겁고 결사적인 열정을 보일 수 있어야 한다. 객기도 부릴 수 있어야 능력이 강하게 나타난다.

거짓 선지자 850명과 대결한 센 선지자 엘리야, 고관이면서도 100명의 선지자들을 숨겨 준 센 신앙의 오바댜, 바알에게 무릎을 꿇지 않았던 센 믿음의 사람 7,000명을 '센' 사람들로 만들어 낸 것은 객기처럼 보이는 센 기도의 힘이다.

기도의 줄만 놓지 않으면 우리도 엘리야가 되고, 오바댜가 되고, 세상에 무릎을 꿇지 않은 7,000명의 센 기도자가 되어 세상을 이길 수 있다. 내가 이기는 것이 아니라, 기도가 이기는 것이고 하나님이 이기시는 것이다. 하나님은 세신 분이시다. 그러니 그분께 드리는 기도도 세다!

15장

기도와 찬양으로 두려움을 이기다:

여호사밧의 찬양 기도(대하 20:1-4)

사람에게는 누구에게나 무서워하는 것이 있다. 병원에서 "조직검사 하세요"라고 말하면 두려워하지 않을 사람이 없다. 문제는 두려움이 있을 때 하나님께로 나가서 기도함으로 체험적이고 견고해지는 믿음이 될 수도 있고, 두려움 때문에 술이나 마약 등에 중독되는 등 자포자기해 현실에서 도피하려 할 수도 있다. 이 장은 두려움을 겪는 상황에 직면한 유다 여호사밧왕의 이야기다.

인생에 두려움이 찾아올 때

남유다 백성은 모압-암몬-마온 연합국의 협동 공격을 받고 있었다. 그들은 예루살렘의 코앞 엔게디까지 들어와 있었다. 이에 대한 여호사밧왕의 심정은 한마디로 두려웠다(대하 20:3).

여호사밧은 남왕국 역사에 길이 남을 선한 아사왕(비록 마지막은 좋지 않았다. 대하 16:1-14 참조)의 아들로, 그 역시 선한 왕이었다. 역대하 17장 3-6절을 보면 그의 선정(善政)이 잘 나타나 있다. 하나님의 율법을 충실히 이행하면서 전심으로 여호와를 따랐다. "여호와께서 나라를 그의 손에서 견고하게 하시매"(대하 17:5) 부귀와 영광을 크게 떨친 왕이었다. 이런 왕에게도 두려움이 찾아왔다는 것이다.

두려움 없는 삶은 없다. 악인들에게만 위기가 있고 두려움이 있는 것은 아니다. 독실한 신자에게도 어려움과 두려운 일이 있다. 이럴 때 어떻게 어려움을 극복할까? 두려움이 찾아왔을 때 우리는 어떻게 대처해야 할까?

하나님의 도우심을 구하다

적군들이 몰려온다는 소식을 들었을 때 여호사밧은 백성들에게 금식과 기도를 선포했다. 그 외에는 방법이 없다는 것을 알았기 때문이다. 왕과 백성은 "여호와께 간구"했다(대하 20:4). 하나님의 도우심을 구하려고 기도한 것이다.

- 우리 하나님이여 그들을 징벌하지 아니하시나이까 우리를 치러 오는 이 큰 무리를 우리가 대적할 능력이 없고 어떻게 할 줄도 알지 못하옵고 오직 주만 바라보나이다 하고 **대하 20:12**

남유다 백성은 왕의 요청에 따라 어른만 아니라 아내와 자녀와 어린이와 더불어 여호와 앞에 서서 하나님의 도우심을 구하는 기도를 드렸다(대하 20:13).

기도에 대한 정의가 많지만, “기도가 무엇이냐?” 할 때 “하나님의 도우심을 받는 것이다” 하면 무난하다. 도움이라고 할 때 단순히 어려움에 대한 도움, 해결에 대한 도움 등만을 생각하기 쉬운데, 진정한 도움은 영적인 것에서부터 출발한다.

우리는 믿음을 위해 하나님의 도우심을 구해야(기도해야) 한다. 우리는 성화를 위해 하나님의 도우심을 구해야(기도해야) 한다. 내 앞에 닥친 문제 해결과 응답을 위해 하나님의 도우심을 구해야(기도해야) 한다. 이것이 진정한 생활 믿음이요, 생활 기도다. 기도를 열심히 하는 사람이 믿음이 좋은 사람이다. 문제가 왔을 때 엎드리는 것이 상책이다.

믿는 이들에게 왜 어려운 일이 오는가? 원인을 제대로 알아야 바르게 기도할 수 있다. 먼저, 죄 때문에 온다. 이때는 회개해서 성화의 길로 나가야 한다. 또한 훈련과 연단을 위해 온다. 더욱 믿음의 열정을 가져야 한다. 일단은 불평하지 말고 인내하며 견디는 믿음으로 시작해야 한다. 아울러 상을 주시려고 때때로 어려움이 온다.

인생의 두려움을 그냥 두려움으로 놔두면 나를 망하게 한다. 두려움이 왔을 때 기도로 방어막을 형성해야 한다. 미국에는 “두려움이 기도를 거치면 용기가 된다”라는 속담이 있다. 기도는 능력을 불러오고, 견디게 하며, 해결하게 하며, 용기를 내어 일어서게 한다. 기도의 능력을 믿는 신자가 되어야 하나님을 제대로 믿는 사람이라고 할 수 있다.

기도가 막힐 때 찬양하다

여호사밧이 땅에 얼굴을 대고 하나님께 경배했을 때 백성들은 레위인들을 앞세우고 찬양했다(대하 20:18). 왕이 직접 찬송을 제의했고, 온 백성이 찬송했다. 찬송이 얼마나 힘이 있었던지, '심히 큰 소리로' 부르는 합창이었다.

● 그핫 자손과 고라 자손에게 속한 레위 사람들은 서서 심히 큰 소리로 이스라엘 하나님 여호와를 찬송하니라 **대하 20:19**

그야말로 '파워(power) 찬송'이다. 파워 찬송은 신약에도 나온다. 빌립보에서 전도하던 바울과 실라는 옥에 갇혔다. 두 사람은 깊은 밤에도 기도하고 하나님을 찬미했다. 죄수들이 다 들을 수 있는 파워 찬송이었다. 그랬더니 '이에' 갑자기 큰 지진이 나서 옥터가 움직이고 문이 곧 다 열리며 모든 사람의 매인 것이 다 벗어졌다(행 16:25-26). 엄청난 찬송의 위력이다.

성경에는 다양한 형태의 찬양과 찬양대에 대한 기록이 있다. 모세는 제사장에게 나팔을 맡겨 전쟁과 행진 신호는 물론 절기의 희락을 주도하게 했다(민 10:8, 10). 다윗은 288명의 레위인들로 찬양을 담당하게 했다(대상 25:1-7). 헤만과 여두둔을 세워 현악을 담당하게 했는데 모두 4,000명이었다(대상 16:42, 23:5). 악기로 찬양하는 제사장만 120명이었다(대하 5:12). 스룹바벨 성전에서도 128명의 남녀가 찬양을 담당했다(스 2:41).

유대인들은 이처럼 하나님을 찬양할 때 은혜가 임하고 크신 능력이 임한다는 사실을 믿었다. 그래서 그들은 "하루 일곱 번씩 주를 찬양하나이다"(시 119:164)라고 고백했다. 유대인들은 오랜 고난과 시련에서 찬양을 포기하지 않았고 살아남았다.

찬송에는 악한 생각을 깨뜨리는 힘이 있다. 부정적인 생각을 날려 보내는 능력의 프로펠러가 달려 있다. 찬송을 부르면 하나님의 거룩하신 영이 강하게 역사하시어 영육의 질병들이 치료받는다. 찬송할 때 성령이 우리 영혼의 닫힌 문을 강하게 뚫고 들어오셔서 양심을 두드리신다. 그래서 찬송은 '곡조 있는 기도'라고 한다. 마음이 우울할 때 곡조 있는 기도, 찬송을 부르면 기쁨이 들어오고, 때로는 놀라운 기적을 동반하기도 한다.

미국 대규모 소매업 회사 J.C.페니컴퍼니의 창립자 제임스 페니(James C. Penney)는 미국 침례교회 목사의 아들로 태어나 셀 수 없는 시련의 길을 지나 백화점계의 전설적인 인물로 정상에 오른 사람이다. 아내의 죽음을 일찍 겪었고, 1929년 미국을 강타한 경제공황은 백화점과 자선 사업에 앞장서던 그의 꿈을 송두리째 삼켜 버렸다. 그 일로 우울증에 시달렸고, 치료를 위해 약물을 의지했지만 별 도움이 되지 않아 항상 유서를 작성해 놓고 잠자리에 들곤 했다.

어느 날 병원 복도를 지나는데 찬송이 흘러나오고 기도 소리가 들려왔다. 병원 예배실이었다. "너 근심 걱정 말아라 주 너를 지키리 주 날개 밑에 거하라 주 너를 지키리"(새찬송가 382장)라는 찬송이 심령으로 흘러들어 왔다. 함께 찬양하며 예배하는 동안 그는 놀라운 내면의 치유를 경험하게 되었다. 지옥에서 천국으로 옮겨지는 체험은 그에게 새 힘을 주었다. 이후 그는 96세까지 성공적인 사업을 하다 1971년 주님의 품에 안겼다.

그가 창립한 J.C.페니컴퍼니는 소매 체인 기업으로 성장했으며 미국과 푸에르토리코 내에 1,107개의 소매점을 소유하고 있다. 찬양 기도가 만들어 낸 엄청난 업적이다.

1346년 유럽은 페스트의 공포에 휩싸였다. 크리스마스이브가 되었지만 거리는 조용했다. 이때 청년 몇 명이 거리에 나타나 찬송을 부르기 시작했다. 수백 명이 여기에 가세했다. 너도나도 창문을 열고 찬송하기 시작했다. 공포가 사라지고 치유의 역사들이 나타났다. 이것이 찬송의 힘이요, 찬양 기도의 능력이다.

기도가 막힐 때가 있다. 가슴이 답답해진다. 그럴 때 찬송하자. 찬송하면 마음에 위로가 오고, 그때 입술이 열린다. 찬송과 기도, 말씀은 같이 가야 한다. 평소에도 늘 찬송함으로 기도에 기름칠을 하자! 그러면 하나님이 움직이기 시작하신다. 선교학자 패트릭 존스톤(Patrick Johnstone)은 "우리가 일하면 우리가 일하지만, 우리가 기도하면 하나님이 일하신다"라고 말했다.

하나님이 일하시도록 하라. 하나님은 우리의 기도를 사용하신다. 우리가 세게 기도하면 하나님은 그 기도를 통해 세계 역사하신다. 그러면 우리는 기도와 찬양으로 세상을 이기는 '기찬' 인생이 될 수 있다. 그만큼 찬양 기도는 힘이 세다.

16장

치료자 되시는 주님을 믿다:

히스기야의 치유 기도(왕하 20:1-7)

이스라엘 왕정사에 등장하는 왕은 모두 42명이다. 선왕(善王)은 다윗, 히스기야, 여호사밧, 요시야(왕하 22:2) 정도다. 특히 히스기야는 더욱 돋보이는 일을 했다. 이스라엘 백성 사이에 우상 숭배는 만연되어 있었다. 특히 선왕(先王) 아하스 때에는 엄청나게 강화되었다. 히스기야는 산당(山堂) 종교에 대해 선전 포고를 했다. 잘못된 종교 형식을 과감하게 소탕해 버린 것이다. 대단한 개혁이자 용기였다. 그는 여론보다 하나님을 두려워했고, 하나님 앞에서 정직한 삶을 살려고 했다.

그렇지만 경건하고 착한 것과 무병장수는 다르다. 의인들에게도 고난은 온다. 그때 어떻게 해야 할까?

건강에 위기가 찾아왔다

이스라엘 전역에 산재해 있던 산당은 성경에 100회 이상 나오는데, 야외 제단이나 예배 처소로 대부분 우상을 섬기는 제단이다. 산당 안에는 우상의 조각들을 세웠다. 당시 백성들이 얼마나 우상 숭배에 빠져 있고 종교가 해이한 상태였는가를 말해 준다. 그들은 우상과 겸하여 하나님을 섬겼다. 모든 왕이 이를 묵인했다. 하나님을 두려워하지 않았던 것이다.

히스기야는 선왕(先王) 이전부터 침투해 온 우상 숭배에 대해 대대적인 종교 개혁을 결행했다. 이런 왕이면 하나님이 상을 주셔야 한다. 그러나 인생은 알다가도 모를 일, 하나님은 선지자를 보내 "너는 집을 정리하라 네가 죽고 살지 못하리라"(왕하 20:1)라는 전갈을 전하셨다.

집을 정리하라니, 대체 무엇을 정리하라는 말씀인가? 아론 대제사장의 일과(日課) 사역이 정리였다.

● 저녁부터 아침까지 … 항상 등잔불을 정리할지니 … 항상 정리할지니라
레 24:3-4

이것은 하나님과 백성들을 위한 좋은 정리다. 이런 정리는 매일, 그때마다 해야 한다. 정리는 물건만 아니라 모든 것의 제 위치를 찾아 주는 작업이다. 물건을 소유하는 방식, 대인관계, 일, 생활 방식은 전부 이어져 있다.

그러나 정리가 모든 사람에게 행복한 시간은 아니다. 누구에게는 정리가 눈물의 시간이 된다. 히스기야에게 '정리'라는 말은 그

랬다. 왕은 죽을병에 들었다. 선지자는 야박한 것 같지만 빙빙 돌리지 않고 "왕은 모든 것을 정리하시오"라고 직접적으로 말해 주었다. 일국의 왕도 인생을 정리할 때가 된 것이다. 그 말을 듣고 왕은 울었다(왕하 20:3).

죽기 전에 집안의 일을 정리하고 국정(國政) 인계를 하려는데 왕위를 계승할 아들이 없었다(요세푸스). 아들 므낫세가 왕위에 올랐을 때 나이는 12세였다(왕하 21:1). 그렇다면 므낫세는 히스기야가 15년 생명을 더 연장받은 이후(왕하 20:6)에 얻은 아들임이 분명하다.

히브리인에게 후사 없는 죽음은 형벌이기에 종교생활의 모범이던 왕에게는 충격이었을 것이다. 게다가 개혁 도중에 일어난 일이었다. 아직도 개혁의 길은 먼데, 그만하고 정리를 하라는 것이다. 얼마나 두려운 명령이자 서글픈 정리 경고였을까? 그래서 슬피 운 것이다.

히스기야는 남왕국에서 가장 무도했던 선대 왕 아하스에게서 종교를 개혁하고자 했던 선왕이다. 선대 왕은 다메섹 종교를 예루살렘에 도입한 악한 왕이었다(왕하 16장). 이런 선량한 사람들에게 왜 고난이 오는 것일까? 이럴 때 여러 반응이 있을 수 있다. 좌절해서 믿음을 버리고, 술에 취하고, 믿음은 있지만 낙심천만의 교회생활을 한다. 그러나 히스기야는 유다의 3대 선왕답게 기도 체제로 들어갔다.

기도로 죽음의 위경에 맞서다

젊은 어머니가 불치의 병에 걸려 죽어 갔다. 그녀는 딸을 위해 물건을 하나하나 정리하면서 울고, 또 정리하다 울었다. 인생을 정리한다는 것, 그것도 어머니로서 해 주어야 할 일이 많은데도 인생을 정리해야 한다는 것은 슬픈 일이다. 그런 상황이면 히스기야처럼 펑펑 울고도 남는다.

누가복음 12장에는 어리석은 부자가 나온다. 그는 죽음에 대해 어떤 예고도 받지 못했다. 돈을 벌고 부자가 되는 일에 올인했다. 그 밤에 하나님이 찾아오셨다. 정리하고 말고 할 시간도 없이 생명을 거두어 버리셨다. 참 불행한 일이다. 어리석은 부자에 비하면 히스기야는 그래도 인생을 정리할 기회가 주어졌다.

인생을 정리하라는 조언을 받은 히스기야는 여기서 인생을 정리해야 할까? 도무지 선지자의 말이 믿어지지 않았다. 선지자가 전달해 주는 하나님의 말씀의 이면을 알고 싶었다. 그래서 인생을 정리하기보다는 종교 개혁을 완성할 기회를 달라고 기도하는 선택을 했다.

왕은 낯을 벽으로 향했다. 하나님 외에는 병을 고쳐 주실 분이 없으니 그 어떤 치료 방법도 거절하겠다는 태도다. 하나님의 본심을 알아보고 정리하든 말든 하겠다는 것이다.

왕은 죽는 쪽이 아니라 사는 방법을 택했다. 히스기야는 결사적인 기도를 했다. 그는 하나님 앞에서 '집'을 정리하지 않고 '마음'을 정리했다. 진실과 전심으로 행했던 자신에게 자비를 내려 달라고 기도했다.

왕이 기도를 하면서 지난날을 더듬어 보니 그래도 하나님 앞에 내놓고 호소하고 싶은 것이 있었다. 왕은 그것을 붙들고 기도했다.

- 내가 진실과 전심으로 주 앞에 행하며 주께서 보시기에 선하게 행한 것을 기억하옵소서 **왕하 20:3**

히스기야는 여호와의 율법을 행함에 있어 최선을 다해 살아왔다. 그래서 우상 종교를 열정적으로 개혁하고 백성들의 생활에서 청산하고자 애썼다. 그 점을 기억해 달라는 것이다. 하나님 앞에서 무엇을 취하고, 버리고, 정리해야 할까?

그의 기도에는 주께서 보시기에 선한 것, 인생에서 잘못도 많지만 제발 선한 것만을 기억해 주시기를, 선행을 보고 살려 주시기를 바라는 간절한 애원이 들어 있다. 그 말은 설령 얼마 더 살지 못하고 죽는다 해도, 모든 허물은 잊어버리시고 자신의 좋은 것들만 기억해 주실 것을 원하는 마음의 소원이기도 했을 것이다. 하나님 앞에 뭔가를 내세우기보다는 비록 보잘것없는 행적이지만 하나님 앞에서 진실되게 행하고자 처신했다는 겸허하고 간절한 기도다.

우리에게도 위경에서 하나님께 내놓고 기도할 내용이 있는가? 그러면 공로를 앞세워 기도하는 것은 아니어도 진실된 행함을 가지고 기도하면 그 기도에 힘이 생긴다. 필자의 인생에도 어려운 시련이 있었다. 힘든 나날에 간절히 기도하다 문득 히스기야의 기도가 생각났다. 그래서 필자도 내 인생에 주님을 위한 일이 무엇인지를 찾아보았다. 필자에게도 있었다! 믿음생활을 하는 동안에 예배당 건축에 세 번이나 참여했다.

1차는 중학생 시절이었다. 시골 초가 예배당을 슬레이트 지붕의 예배당으로 신축할 때 왕복 2시간씩 바닷가의 모래를 지고 날랐다. 하루에 두 번이나 세 번을 왕복했으니 쉬운 일은 아니었다. 2차는 교육전도사 시절에 예배당을 신축하는데, 공사 기간 내내 교인들과 함께 벽돌을 날랐다. 학교 수업 핑계를 대고 요령을 부려도 되었지만 어릴 때부터 예배당 중심의 믿음생활을 해 왔기에 예배당 건축은 지치기도 했지만 참 즐거웠다. 3차는 현재 섬기고 있는 교회의 예배당을 증축할 때다. 한 달 동안 현장에서 공사장 인부들과 같이 일했다. 그것은 신축과 맞먹는 힘든 공사였다. 결과로 디스크가 생겼고 수술을 했다.

고등학생 때인가, 서울에서 제주도까지 한 집사님이 풍금을 보내 주셨다. 1시간 거리 중문 면 소재지 화물 취급소에서 풍금을 찾아 수레에 싣고 오는데 소가 날뛰었다. 풍금이 너무 귀했기에 그것을 어떻게든 지켜 내기 위해 소의 목에 건 나일론 줄을 손끝에 맸다. 소가 날뛰어 손의 껍질이 다 벗겨져 피범벅이 되었다.

바로 그때의 일을 들먹여 가면서 하나님께 기도했다. 자랑질은 아니었지만, 그래도 그런 헌신이 있어 기도하면서도 힘이 생겼다.

마지막까지 기도를 놓지 않다

하나님이 히스기야의 눈물을 보시고 기도를 들으셨다.

● 너는 돌아가서 내 백성의 주권자 히스기야에게 이르기를 왕의 조상 다윗

의 하나님 여호와의 말씀이 내가 네 기도를 들었고 네 눈물을 보았노라 내가 너를 낫게 하리니 **왕하 20:5**

그 결과, 히스기야는 15년의 수명을 연장받았다(왕하 20:6). 기도 응답은 하나님이 그의 기도 내용을 받으셨다는 것이며, 그의 삶을 인정하셨다는 것이다.

기도는 능력이다. 그러나 기도 응답이 항상 좋은 결말로 끝나는 것은 아니다. 왕은 구사일생으로 치유받은 후에 아쉽게도 제대로 살지 못했다. 그는 바벨론의 사신들에게 왕궁의 보물과 무기고를 다 보여 주었다. 그 결과, 듣지 말아야 할 재앙 예언을 들었다(왕하 20:17-18). 자녀들, 자손들에게 임할 환난을 예고받은 것이다.

그럼에도 히스기야의 훌륭한 점은 바로 이것이다.

● 히스기야가 이사야에게 이르되 당신이 전한 바 여호와의 말씀이 선하니이다 하고 또 이르되 만일 내가 사는 날에 태평과 진실이 있을진대 어찌 선하지 아니하리요 하니라 **왕하 20:19**

'선하니이다'라는 말을 두 번 반복했다. 하나님은 항상 옳으시다! 그는 제대로 기도하는 사람이었다. 기도로 마지막까지 믿음을 놓지 않았다. 바른 기도자가 보여 주어야 하는 믿음이요 힘이다. 기도는 단순히 주문이나 희망이 아니라 치료의 능력이 됨을 확신해야 기도생활이 역동적으로 이루어진다.

KBS "금요초대석"에 출연한 유도 국가대표 이원희 선수에게 사회자가 탈골한 손가락을 가리키며 "어떻게 그 부러진 손가락으로 금메달을 딸 수 있었습니까?"라고 물었다. 그는 이렇게 대답했다.
"저는 하나님을 믿는 사람이기에 예수님의 십자가의 고통을 생각하면서 아파도 참았습니다. 기도로 고통을 이길 수 있었습니다. 하나님이 저와 함께하신다는 믿음, 자신감으로 우승할 수 있었습니다."

하나님은 "나는 너희를 치료하는 여호와임이라"(출 15:26)라고 말씀하셨다. 하나님은 치유의 주님이시다. 힘들고 아플 때, 병이 들었을 때 병원도 찾아야 하지만 그에 앞서 치료자가 되시는 하나님께 나아가 먼저 사정을 아뢰고 병을 이길 힘을 공급받도록 하자. 그러려면 기도밖에는 없다. 그 맛을 알면 기도하지 말라고 해도 기도할 수밖에 없다!

17장

일상에서 하나님을 기억하다:
다니엘의 일과 기도(단 6:10-15)

다니엘은 바벨론의 예루살렘 1차 침공 때 포로로 잡혀가 바벨론과 바사 두 왕국에서 4명의 통치자 아래 약 70여 년간 공직자로, 선지자로 사역했다. 궁정 장학생으로 선발되어 시동(侍童)으로 일했으나, 시종일관 조국의 복권을 기원하며 이교의 권력에 대항해 싸웠다.

다니엘처럼 기도 응답을 세게 받은 사람도 드물다. 왕의 포도주와 진미를 거부하고 채소를 먹으면서도 얼굴이 윤택할 수 있었던 일, 사자 굴에서도 살아남을 수 있었던 배후에는 유대 소년들의 믿음과 기도가 있었고, '일과(日課) 기도'에 대한 하나님의 응답이 있었다.

'일과'는 '날마다 규칙적으로 하는 일정한 일'을 말한다. '일과 시간표' '운동을 일과로 한다'라는 말로 쓰인다. 그러니까 다니엘은 특별한 경우에, 목적이 생겼을 때, 도움이 필요할 때 어떤 특수한 상황과 제목을 두고 기도한 것이 아니라, 아예 기도가 일과 중에 하나였다는 것이다.

일상에서 기도하다

다니엘을 정치적으로 제거하려는 사람들이 왕을 충동질해서 이상한 법을 만들었다. "30일 동안에는 누구에게도 기도해서는 안 된다!" 이 내용을 문서화했다.

다니엘이 상황에 따라 제목 기도를 했다면 이런 상황에서는 기도하지 않으면 된다. 그러나 다니엘은 기도를 문제 해결의 수단으로 보지 않고, 날마다 하나님의 주재권을 인정하고 하나님을 향한 영성을 키우는 일과로 보았다. 그래서 문제가 있을 때만 기도하는 것이 아니라, 평소에도 매일매일 기도했다.

- 다니엘이 이 조서에 왕의 도장이 찍힌 것을 알고도 자기 집에 돌아가서는 윗방에 올라가 예루살렘으로 향한 창문을 열고 전에 하던 대로 하루 세 번씩 무릎을 꿇고 기도하며 그의 하나님께 감사하였더라 단 6:10

왕의 조서는 선택 사항이 아니다. 일반적인 행정 명령이 아니다. 어인(御印)이 찍혔다는 것은 신분 고하에 관계없이 법대로 처치하겠다는 것이다. 다니엘은 그 명이 엄하다는 사실을 알았지만 '전에 하던 대로' 기도했다. 어제까지 하던 일과 기도를 했다는 것이다. 하루 세 번 기도하는 것이 유대인의 기도 일과다(시 55:17). 예수님도 기도 일과의 기도를 드리셨다(눅 22:39).

기도는 복을 받느냐 못 받느냐, 문제를 해결하는 열쇠냐 아니냐의 차원이 아니다. 기도는 선택이 아니라 필수다. 호흡하는 것은 선택이 아니고 필수다. 호흡하지 않으면 죽기 때문이다. 기도가 없으면 신앙도 시들해지다가 죽는다. 시들한 사람이 무슨 일을 하겠는가.

다니엘은 왕의 조서에, 오히려 살기 위해 기도를 했다. "기도하기를 쉬는 죄를 여호와 앞에 결단코 범하지 않겠다"고 말한(삼상 12:23) 사무엘을 만난 적은 없지만, 오래전 사무엘이 그의 기도 멘토였다. 그래서 기도 응답이 아니라 하나님과의 교제이자 의무라고 생각했기에 어명과는 관계없이 기도했다. 우리처럼 문제가 있으면 기도하고, 평안하면 '기도 굿바이'가 아니라, 문제가 있든 없든 일과로 기도했다.

다니엘의 상시적인 기도는 어려움이 생겼을 때 능력이 되었다. 만약 평소에 기도하지 않았다면 인간적인 해결 방법을 찾으려 허우적거렸을 것이고, 총리 자리도 부지하지 못했을 것이다. 평소에 기도하는 습관이 급한 일이 생겼을 때 기도 모드로 자동 조절되었다. 그래서 역경과 시련을 이기는 기도의 능력이 나타난 것이다.

우리도 평소에 기도생활을 잘해야 한다. 일과 기도로 기도 통장에 기도 포인트가 꽉 차 있어야 한다. 기도 능력을 많이 저금해 두었다가 세상이 힘들고 인생이 어려워지면 꺼내어 잘 사용해야 한다. 그래야 믿음이 흔들리지 않는다.

가정에서 기도하다

다니엘은 자기 집, 윗방에 기도 방이 있었다. 윗방은 '이층 방' '독방'으로, 조용하게 기도에 전념할 때(왕상 17:19; 행 1:13-14) 사용하는 지붕 다락방이다.

● 다니엘이 이 조서에 왕의 도장이 찍힌 것을 알고도 자기 집에 돌아가서는 윗방에 올라가 … 기도하며 단 6:10

다니엘은 집에서 항상 기도했다. 기도 방은 기도가 예배당 중심, 즉 예배 때의 형식적 기도만이 아니라 생활화가 되었다는 것을 의미한다. 다니엘은 제대로 기도한 것이다.

기도생활을 하는 사람은 '집에서의 기도'가 있다. 집은 24시간 중 가장 많이 생활하는 공간이다. 모든 일을 잘하는 사람은 집 중심이다. 학교에서 아무리 공부를 열심히 해도 집에서 펑펑 놀아버리면 좋은 성적으로 이어지지 않는다. 우등생들은 집에서 평소에 공부한다. 전국 수석자를 텔레비전 앞에 세우면 한결같이 "과외하지 않았어요. 학교에서 수업 시간에 잘 듣고 집에서 정리하고 혼자 공부를 합니다"라고 말한다. "액면 그대로 믿는 바보들도 있느냐"고 하지만 그래도 우등생들은 집에서 꾸준히 공부한다. 공부의 생활화다.

잘 믿는 사람도 집에서 잘 믿는다. 교회에서는 잘 믿는데 정작 집에서 신앙생활이 없다면 믿음이 올라가는 것 같은데 다시 제자리로 돌아간다. 설교를 들으면 집에 가서 지켜야 한다. 주중에 들은 대로, 배운 대로 지켜 생활해야 한다. 성경 말씀은 읽는 것이 아니라 듣고 지키는 것이다. 읽는 것은 지식이고, 지키는 것은 인격 향상이다.

한국 교회는 설교를 듣기만 한다. 지키려고 듣는 사람들이 얼마나 될까? 하루에도 이쪽저쪽 유튜브에서 설교들을 찾아다니면서 듣고 은혜를 받았다고 한다. 들은 설교들대로 살아 볼 시간도 없었을 텐데, 어떻게 은혜를 받았을까? 관념적인 은혜다. 그러니 예배당 중심의 신앙생활이다. 신앙을 쌓는 일은 예배당에서, 신앙생활은 교회 밖에서 주중에 해야 하는데 신앙의 현장으로 나가지를 않는다. 그러니 신앙에 근력이 붙지 않는다.

하나님은 고넬료의 기도를 성전에서 들으신 것이 아니다. 집에서 기도할 때 들으셨다.

● 그가 경건하여 온 집안과 더불어 … 항상 기도하더니 행 10:2

우리 기도가 능력 있는 기도, 가정을 변화시키는 기도, 문제 해결의 기도, 인격을 향상시키는 기도가 되려면 기도원도 되고 예배당도 좋지만 '집 기도'라는 인프라가 꼭 필요하다.

이런 상상을 해 본다. 총리의 자식들이 집에 와 보니 왕 외의 대상에게 기도하면 죽인다는 어명을 어기고 아버지가 기도 방에 들어가 기도하고 있다. 아버지의 세 친구는 풀무 불에 던져졌지만 배교하지 않았다. 그들은 "하나님이 건져 주실 것이며, 비록 건져 주지 않으실지라도 다른 신을 섬기지 않겠다"고 했다(단 3:17-18). 지금도 아버지는 용기와 배짱으로 기도의 무릎을 꿇고 있다.

자식들이 무엇을 배울까? 왕의 명령보다 하나님을 두려워하는 믿음, 기도로 악한 대적들에게 대항하는 믿음의 저력, 총리의 명예와 권력을 내놓을 각오로 우상 숭배에 맞서는 아버지의 내려놓음의 신앙 등을 배우는 것이다. 이것이 바로 유대인들의 기도생활이다.

우리에게 이런 기도 생활이 없다. 한국 교회가 다시 성장하려면 믿음의 대 잇기-일과 기도의 대물림이 있어야 한다. 가정 제단이 회복되고 가정에서 기도하는 아버지, 어머니의 모습을 보여야 한다. 인생이 힘들고 어려울 때 기도하던 아버지의 모습, 내 머리맡에서 속삭이듯 기도하던 어머니의 눈물 기도에 대한 추억이 있어야 한다.

지금은 예배당의 기도가 모자라서 어려운 것이 아니라, 가정의 눈물 그릇이 채워지지 않아서 능력이 나타나지 못하고 믿음의 영향력이 없다. 가정 기도가 일어나야 한국 교회가 일어난다.

일상에서 눈을 돌려 하나님과 눈을 맞추다

우리 기도는 대부분 거래 관계다. 어떤 사람은 기도해서 응답되면 축복을 따라 가 버린다. 10명의 한센 병자들이 예수님 앞에 나아가 고침을 받았다. 그들은 병 고침을 받고자 목이 터지도록 기도했다. 그중 한 명을 제외하고 나머지 9명은 응답받은 후 목이 터져라 감사하지 못했다. 모두 제 살길로 갔다(눅 17:11-19). 기도 응답이 오히려 손해가 된 것이다.

기도 거래 관계에서 응답되지 않으면 맥이 빠지거나 낙심으로 불평한다. 기도하다가 “내 그럴 줄 알았어! 기도한다고 되냐?” 하며 오히려 성질이 나빠지는 사람들이 있다. 기도 포기는 열정과 확신에서 떠나가게 한다. 기도가 인격 향상에 전혀 도움이 되지 못한 것이다.

다니엘은 기도하면서 어떤 마음 자세였을까? 전에 하던 대로 이국 땅에서 지켜 주신 하나님의 은혜에, 총리로 세워 주심에, 하나님의 백성임에 감사했다(단 6:10). 진짜 기도 응답은 기도 제목의 응답만이 아니다. 응답 과정에서 하나님의 마음과 생각으로 변화되는 것이 진짜 기도의 효과다. 그래서 감사의 내용, 감사의 고백이 나와야 한다.

다니엘은 기도하면서 살려 달라고만 부르짖지 않고 하나님이 함께해 주셨음에 감사했다. 결국 감사 기도의 결론은 상황의 문제에서 눈을 돌려 하나님께 맞추고, 그래서 모든 문제에서 합력하여 이루어지는 하나님의 선한 뜻을 알기에 감사가 나온다는 것이다. 우리가 기도하면서 감사하지 못하는 까닭은 아직도 거래 관계에서 벗어나지 못하고 있기 때문이다. 거래 관계에서는 하나님의 손에 들린 응답만 보지, 하나님의 눈과 마음은 보지 않는다.

《하나님의 음성을 듣는 법》(두란노, 2010)을 쓴 찰스 스탠리(Charles Stanley)의 아들 앤디 스탠리(Andy Stanley) 목사는 젊은이들에게 큰 영향을 끼쳤다. 어느 날 그가 어려움에 직면했을 때 아버지의 교인이던 한 할머니 성도가 앤디를 찾아왔다. 할머니 성도는 앤디에게

플랑드르의 화가 피터 폴 루벤스(Peter Paul Rubens)의 "사자 굴 속의 다니엘" 그림을 보여 주면서 "이 그림에서 무엇을 볼 수 있습니까?"라고 물었다. 그가 "사자 몇 마리와 굴 안으로 들어오는 빛줄기, 다니엘이 보입니다"라고 답하자 할머니 성도는 "더 자세히 보십시오. 중요한 것을 보십시오"라고 말했다. 앤디는 더는 다른 것을 찾아낼 수 없었다. 그때 할머니 성도가 말했다.

"다니엘의 눈빛을 보십시오. 그의 눈이 사자가 아닌 하나님을 향한 것을 보십시오."

기도는 우리 눈빛을 하나님께로 가져가고, 우리 마음을 하나님께로 향하게 한다. 하나님과 눈 맞추기 기도가 일과가 되어야 한다. 일과 기도는 항상 깨어 있게 만든다. 일과 기도는 능력을 만들어 낸다.

일과 기도로 시험을 이겨 내는 믿음을 미리미리 만들어 놓자. 땜빵 때우듯 필요할 때 하는 기도는 시련을 이겨 내지 못한다. 기도생활이 태만해지면 영혼이 어두워지고 죄에 오염되어 그릇된 선택을 하게 된다.

다니엘은 일과 기도에 충실했다. 다니엘이 기도 원칙을 지킨 것이 아니라, 기도가 다니엘을 지켜 주었다. 그래서 그는 센 사람이 되었다. 기도가 셌기에 다니엘도 센 사람이 된 것이다. 강직한 신자로 살고 싶다면 센 기도로 들어가라!

18장

공동체의 죄에 대해 연대 의식을 가지다:
에스라의 애통 기도(스 9:1-15)

에스라는 주전 6세기의 지도자이며 율법학자다. 바벨론 포로 시대(주전 586-537년)에 성경을 연구하고 2차 귀환 때 유대 동족들과 함께 예루살렘에 돌아와 유대교의 기초를 닦으며 민족을 지도했다.

이스라엘이 바벨론에서 70년 만에 귀환함으로, 하나님이 언약을 성실하게 지키시며 왕과 권세를 주장하는 절대 권력을 가지신 분이라는 사실이 확인되었다. 귀환 후가 문제였다. 귀환 때는 희망과 결단으로 부풀었지만, 예루살렘에 와서 먹고살다 보니 '언제 그랬냐' 하며 소위 '왕년에' 종교가 되고 말았다. 죄악 생활이 다시 일상화가 되었다.

죄에 감염된 이스라엘에 통탄하다

에스라를 인솔자로 2차 귀환자들이 예루살렘에 도착한 때는 5월이었다(스 7:9). 이후 4개월을 넘지 못했을 때쯤 에스라는 이스라엘 사회 전체가 율법 위배를 자행하고 있음을 알았다(스 9:1-2).

죄의 감염 속도는 너무 빨랐다. 이스라엘 각 계층에 보편적으로 퍼졌다. '이스라엘 백성과 제사장들과 레위 사람들'은 이스라엘 전체를 구성했던 3개 계층이다. 여기서 계층 모두를 언급한 까닭은 죄악이 각 계층에 보편적으로 퍼져 있음을 암시하려는 의도다.

이스라엘은 하나님이 택하신 선민으로서 거룩한 성민으로 살아야 한다. 그래서 이웃들을 거룩으로 개종시키고, 세상을 하나님께로 중매하는 제사장 민족이 되어야 한다. 그러나 그들은 오히려 원주민들과 죄를 짓고 이방 여인과 통혼했다. 통혼은 '가증한 일'로, 행음과 우상 숭배는 같은 성질의 죄다. 더욱 충격적인 것은 '방백들과 고관들'이 이 죄에 더욱 으뜸이 되었다. 지도층 인사들이 죄를 더 많이 지었다는 뜻이다. 이런 상황에서 에스라는 두려움을 느꼈다.

'백성들은 벌써 바벨론에서의 70년 포로 생활을 잊어버렸는가? 아직도 죄의 녹을 벗기지 못하고 귀환한 것일까?'

에스라는 이스라엘이 도대체 어떤 민족인지 가늠할 수가 없었다. 하는 행동을 보면 하나님이 이미 버리신 백성들처럼 보였다.

에스라는 너무 기가 막혀 그 자리에 주저앉아 버렸다. '멘붕'에 빠져 버린 것이다. 이방인과의 통혼으로 이스라엘 공동체가 신앙적 순수성을 상실할 위기에 처했는데, 그에 대한 문제의식이 없는 것이 더 큰 문제였다. 그래서 머리털과 수염을 뜯고 속옷과 겉옷을 찢었다.

에스라의 이런 반응은 지도자들을 필두로 백성들이 중죄를 범했다는 사실 자체와 이방인과의 통혼에 따라 이스라엘 공동체가 신앙적인 순수성을 상실하게 되었다는 사실 때문이었다. 사실상 이러한 범죄가 에스라 도착 전에 이미 이루어졌기 때문에 그와는 상관이 없음에도 에스라가 이 같은 반응을 보인 것은, 그는 백성들과 철저한 연대 의식을 갖고 있었기 때문이다.

에스라는 성전 마당에 엎드려 울며 기도했다. 예루살렘 도착 후 4개월 정도 되는 그해 9월 20일이었다. 그는 백성들의 죄를 내 죄라 고백하고(스 9:6-15) 괴로워하며 통회 자복했다. 많은 백성이 그를 따라서 자신이 지은 죄 때문에, 남의 죄 때문에 통곡했다.

에스라는 조상들의 죄를 자기 죄로 인식했다(스 9:7). 참 이스라엘인이라면 정상이다. 아브라함의 축복에 연대로 동참하는 것처럼, 죄에 대해서도 연대 의식을 가져야 한다. 에스라는 제사장 레위인 백성들의 죄에 대해서도 자기 죄로 자인했다.

● 나의 하나님이여 내가 부끄럽고 낯이 뜨거워서 감히 나의 하나님을 향하여 얼굴을 들지 못하오니 이는 우리 죄악이 많아 정수리에 넘치고 우리 허물이 커서 하늘에 미침이니이다 스 9:6

"우리 허물이 커서"라는 고백에서 알 수 있듯이, 에스라는 이스라엘 백성의 죄를 자신의 죄로 인식했기 때문에 회개도 절실할 수밖에 없었다. 더럽고 가증한 통혼으로 이스라엘 사회 전체에는 죄가 말기 암처럼 퍼져 버렸다(스 9:11). 남은 것은 하나님의 심판밖에 없었다.

에스라는 '하나님이 이번에는 바벨론, 바사 제국이 아니라 지명도 알 수 없는 아득한 곳으로 보내시고 아예 역사에서 흔적을 지워 버리지는 않으실까?' 하는 두려움으로 손을 들고, 옷을 찢고, 수염을 뜯으며 애통했다. 학사(학자)는 지성인이기에 비판적이다. 그러나 에스라는 죄의 늪에서 본인도 죄인의 처지임을 고백했다.

공동체의 죄도 내 죄인 것처럼 회개하다

에스라는 율법에 정통한 율법학사이기에 모세의 위기 대처 방법이 생각났을 것이다. 그래서 에스라도 하나님의 자비하심에 호소했다(스 9:13).

하나님이 엄격히 공의대로 하셨다면 바벨론 포로 사건을 끝으로 이스라엘은 막을 내렸을 것이다. 그런데도 통혼에 참여하지 않은 거룩한 백성, '남은 자'가 있었다는 것은 하나님의 형벌이 가벼웠음을 뜻한다. 그 남은 자들은 "하나님의 말씀으로 말미암아 떠는 자"(스 9:4)들이다. 율법을 철저히 준수하고자 했기에 좋지 못한 결과를 예상함으로 두려워했다. 에스라는 말씀으로 떠는 자들이 있기에 하나님이 그들을 아주 멸하지는 아니하실 것이라는 기대를 가졌다. 그래서 '남겨 놓으신 자'들을 보고 '죄악보다 형벌을 가볍게' 하시고 살려 달라고 호소했다.

하나님은 백성 중 누군가를 통해서 응답하셨다. 엘람 자손 중 여히엘의 아들 스가냐다. 그가 에스라와 함께했다.

- 우리가 우리 하나님께 범죄하여 이 땅 이방 여자를 맞이하여 아내로 삼았으나 이스라엘에게 아직도 소망이 있나니 곧 내 주의 교훈을 따르며 우리 하나님의 명령을 떨며 준행하는 자의 가르침을 따라 이 모든 아내와 그들의 소생을 다 내보내기로 우리 하나님과 언약을 세우고 율법대로 행할 것이라 이는 당신이 주장할 일이니 일어나소서 우리가 도우리니 힘써 행하소서 하니라 스 10:2-4

이 말씀은 "우리가 이방 여인과 통혼으로 죄를 지었습니다. 그것 때문에 하나님의 노여움을 사서 바벨론 70년 포로 생활을 해 놓고도 몇 년 안 되어 같은 죄를 반복하고 있습니다. 그러나 학사님, 우리 백성, 우리 성전에 소망이 있으니 너무 비관하지 마시고, 울지 마시고, 일어나 우리를 인도해 주세요!"라는 의미다.

스가냐가 절망적인 상황에서 오히려 소망이 있다고 생각한 까닭은 무엇인가? 에스라의 간절한 자복의 기도와 백성들의 회개로 죄에서 완전히 돌아서기만 하면 하나님이 큰 은총을 베푸실 것이라는 기대와 함께, 이번 기회에 대대적 종교 개혁을 할 수 있으리라는 기대감 때문이었다.

지금 우리에게도 바른 개혁이 필요하다

참 멋진 말이다. 이것이 바로 대안을 제시하는 진정한 개혁이다. 사람들은 한국 교회를 비판한다. 사건만 터지만 직업적 개혁가들이 언론에 나와 한국 교회가 썩었다며 교회 개혁을 외친다. 우리 민족의 특징은 똑똑해서 지적은 잘하는데, 자신들의 책임은 묻지 않는다는 것이다. 이 논리가 부부 간에, 부모와 자녀 간에, 교회 안에서도 동일하게 적용된다.

물론 한국 교회는 개혁해야 할 부분이 많다. 위에서부터 개혁되어야 한다. 그러나 개혁만 외치는 직업적 개혁가들로서는 소망이 없다. 무너진 한국 교회, 만신창이가 된 한국 교회를 붙들고 내 죄로 알고 하나님의 성전에 엎드린 에스라, 스가냐 같은 사람들로 한국 교회는 회복된다.

개혁의 정당성을 모르는 것이 아니다. 그럼에도 지금은 한국 교회를 꾸짖는 개혁 선지자가 아니라 우는 제사장이 필요한 시대다. 한국 교회의 죄에 대해 학사 에스라처럼 내 죄라고 자복하고 회개하며 눈물을 흘리는 사람들, 스가냐처럼 "한국 교회에 아직도 소망이 있다!"라고 위로와 격려를 해 주는 사람들이야말로 한국 교회에 새살을 돋게 하는 개혁 세력이며 개혁 운동이다.

한국 교회를 비난만 한다고 문제가 달라질까? 한국 교회가 개혁이 안 된다면 나부터 개혁해야 한다. 나라도 바르게 믿고, 바르게 살면 한국 교회가 그만큼 덜 썩고, 부패 속도가 그만큼 느려질 것이 아닌가. 비판처럼 쉬운 일이 어디 있을까.

스가냐처럼 개혁의 대안은 "나 자신부터 출발하자" "나 자신부터 진정으로 통회 자복하는 기도를 하자"는 것이다. 한국 교회가 이렇게 된 이유는 성경적 변질, 번영 신학 등 교리적 문제들 때문만이 아니다.

한국 교회를 타락시키고 변질시키는 요인은 생활이 없는 기독교, 성화가 없는 그리스도인들, 바로 '나' 때문이다. 그렇기에 한국 교회가 개혁되려면 아래에서부터의 개혁, 생활 실천에서부터의 개혁이 이루어져야 한다. 스가냐가 했던 말을 주목하자.

"우리가 죄를 버리겠습니다. 일어나소서. 우리가 도우리니 힘써 행하소서."

개혁은 에스라가 아니라 백성들의 지원이 있어서 성공한 것이다. 그들은 외치는 개혁이 아니라 생활적 개혁에 동참했다. 우리가 착한 교인, 착한 목사가 되어야 한다. 남을 배려하는 착한 사람이어야 한다. 교인들 사이에 분쟁이 생겨 경찰서에 가면 경찰관들이 질린다고 한다. 교인들이 너무 이해심이 없고 인색하다는 것이다. 가사도우미들도 교인들은 싫어한다고 한다. 일은 많이 시키고 잔소리도 많은데 정작 수고비에는 까다롭고 인색하다는 것이다.

모세의 중보를 통해 광야의 이스라엘이 살았듯이, 에스라의 중보를 통해 귀환한 이스라엘은 용서를 받고 살아났다. 그래서 유대인들이 지금도 모세와 에스라를 동일 반열에 놓는 것일까? 개혁 성공은 바로 그런 것이다. 내 죄만 아니라 타인의 죄도 내 탓인 양 가슴을 치며 회개하고 그 죄에서 돌이키도록 할 때 한국 교회는 희망이 있다. 결국 바른 생활 기도만이 희망이다.

이처럼 기도는 개혁을 일으키는 원동력이 되기에 힘이 세다. 우리는 그 센 힘을 방치하고 있을 뿐이다.

19장

유종의 미를 구하다:

느헤미야의 3대 기도(느 13:14, 22, 31)

느헤미야가 3차 귀환자들을 데리고 예루살렘으로 귀환한 시기는 주전 445년이다. 바벨론은 망하고 바사 제국이 다스리고 있었다. 느헤미야는 1차, 2차에 귀환한 동족들에게 예루살렘성이 허물어지고 성문들은 불탔다는 소식을 듣고 왕의 허락을 받아 유다의 임시 총독으로 부임했다. 12년 동안 임시 총독으로 일하다 잠시 바사 궁정으로 돌아갔다. 그리고 얼마 지나지 않아 다시 돌아왔다.

정치가는 바쁘다. 특히 느헤미야는 술 관원이었다. 술 관원은 왕의 신임을 받는 직분이다. 고대 사회에서 정권이 바뀌는 일은 전쟁과 암살로 일어났다. 암살의 경우, 측근을 통하거나 술 맡은 신하를 통해 왕이 해이해진 틈에 독살하는 것이 가장 손쉬운 방법이었다. 그래서 술 관원 등은 친인척이나 가장 믿을 만한 사람을 세워 옆에 두었다.

느헤미야는 포로 신분인 이방인이었다. 왕과 원수지간인 셈이었다. 그러면서도 그가 신임받을 수 있었던 이유는 그의 정직함과 성실성, 통찰력, 용기, 담대함, 추진력, 개혁적 성향 때문이었다. 느헤미야는 이같이 자질이 풍부한 지도자였지만, 이 모든 것을 엮어 개혁에 성공할 수 있었던 기본은 그가 기도하는 지도자였다는 데 있다. 그의 배후에는 항상 기도가 있었다. 느헤미야는 사역을 시작하면서 기도로 시작하더니(느 1:4), 마지막도 기도로 장식했다(느 13장). 이처럼 그는 기도의 사람이었다. 그는 52일 만에 성벽을 완공하고(느 6:15) 그 유명한 3대 기도를 남겼다.

사역에 대한 기도, "도말하지 마소서"

첫째로, 느헤미야는 자기가 진행시킨 사역에 대해 이렇게 기도했다.

- 내 하나님이여 이 일로 말미암아 나를 기억하옵소서 내 하나님의 전과 그 모든 직무를 위하여 내가 행한 선한 일을 도말하지 마옵소서 느 13:14

'내가 행한 선한 일'이란 하나님의 전에 대한 선한 일, 종교적인 일이다. '그 모든 직무'는 총독으로서 직무, 직업을 통한 소명에 충실했다는 의미다. 신앙과 생활에서의 충실이다.

강대국 왕실의 술 관원으로 있으면 되었을 느헤미야가 왜 이런 고생을 했을까? 그는 별별 훼방과 방해를 받았다. 왕을 배반하려고 한다는 모함(느 2:19), 비웃음(느 4:1), 원망(느 5:1), 살해 위협도 받았다(느 6:2). 그러나 못 들은 척 꾹 참고 불굴의 용기로 나아가 성벽 역사를 52일 만에 완성했다(느 6:15). 힘들고 어렵고 별의별 소문과 오해가 있었지만 하나님의 일이기에, 선한 일이기에 감당할 수 있었다. 그리고 그는 기도했다.

“하나님, 이런 사심이 없는 선한 일들을 내 인생에서 도말하지 마소서! 나를 도와 이런 선한 일들을 한 백성들에게서 도말하지 마소서!”

느헤미야가 주님에 대해 행한 선한 일들은 무엇인가? 좋은 자리를 박차고 예루살렘으로 돌아와 성벽 건축에 힘쓴 일, 별의별 모함에서도 참고 견딘 일, 백성들 앞에서 녹을 받지 않고 본을 보인 일 등 업적이 많다. 그것들을 도말하지 말아 달라는 간청이다.

4성 장군이 실수해서 일등병으로 강등된다. 별 1개도 아니고 4개가 모두 도말된 것이다. 금메달리스트가 도핑 테스트에 걸려 메달이 환수를 당한다. 교단 총회에서 은급부 일을 했던 목사, 장로들이 크게 책벌을 받는다. 현직 목사, 장로들은 해임당하고 권한이 정지되며 은퇴 목사, 장로들조차 교회에서 그 직을 인정하지 말 것을 주문한다.

현직에 있을 때도 중요하지만, 은퇴 이후에도 업적이 도말되지 않는 것이 바로 하나님의 은혜다. 그래서 느헤미야는 나와 내 백성이 한 일이 헛되지 않도록 끝까지 붙잡아 달라고 기도한 것이다. 그것이 목사들의 소원이다. 하나님의 일을 열심히 하던 분들이 가정적으로 무너지거나 중풍이나 치매에 걸리면 얼마나 미안한 일인가. 반대로, 담임 목사가 그런 상황이 되면 성도들이 얼마나 민망할까. 그래서 목사들은 늘 자신을 위해서, 목사들 서로를 위해 기도해야 한다. "하나님이여, 하나님의 전에서 내가 한 일을 도말하지 마소서. 하나님의 전에서 내 동역자가 한 일을 도말하지 마소서"라고 말이다.

성결에 대한 기도, "나를 아끼소서"

느헤미야는 총독 업무로 인해 시간이 없고 바쁘다며 안식일을 어기거나 율법을 지키는 일을 등한시하지 않았다. 그는 모든 면에서 성결을 위해 정성을 다했다. 그래서 두 번째 간절한 기도 소원으로, 자신이 정결과 안식일 준수에 힘쓴 점을 기특하게 보시고 아껴 달라고 아뢰었다.

- 내가 또 레위 사람들에게 몸을 정결하게 하고 와서 성문을 지켜서 안식일을 거룩하게 하라 하였느니라 … 이 일도 기억하시옵고 주의 크신 은혜대로 나를 아끼시옵소서 느 13:22

이방 나라 정권의 술 관원으로 살면서 정결을 지킨다는 것, 안식일을 준수한다는 것은 결코 쉬운 일이 아니었다. 예루살렘 성읍 건축 역시 하루가 아까운데 안식일이라고 종일 쉬는 것은 큰 믿음이었다. 정결까지 견지하면서 노동하는 것은 보통 결심이 아니었다. 하지만 느헤미야와 백성들은 지켜 냈다. 거룩을 지키고, 안식일을 준수했다. 정결은 사역 못지않게 대단한 일이다.

그래서 느헤미야는 "내 하나님이여, 나를 아끼시옵소서. 내 동역자들을 아끼소서"라고 기도했다. '아껴 달라'라는 말의 문자적 의미는 '나의 하나님, (끝까지) 큰 사랑을 베푸시옵소서'다. 이는 느헤미야가 자신이 비록 선한 일을 많이 하기는 했지만 하나님의 칭찬을 받기에는 지극히 미흡하다고 느꼈다는 사실을 보여 주는, 겸손이 드러나는 기도다.

"나를 아껴 주소서!"

이 기도문이 너무 좋지 않은가! 하나님의 아낌이 없다면 한 시도 제대로 설 수 없다. 교만하거나 적들의 공격에 넘어가 공적이 도말되거나 무너지고 만다. 하나님이 아껴 주시면 그 자체가 만사형통이요 평안이다. 그동안 교회 활동에 열심을 다하고, 주일을 성수하고, 구별된 삶을 살려고 애쓴 모든 사람에 대한 우리의 기도는 이렇다.

"하나님, 그들을 아껴 주옵소서. 그들은 참 아까운 사람들, 사랑스러운 사람들입니다."

느헤미야는 하나님의 용서와 축복이 오직 그분의 은혜로 말미암은 선물임을 분명히 깨닫고 있었다. 그렇기에 자신과 동료 유대인들의 순수한 동기에서 비롯한 헌신을 부디 헤아려 복을 내려 달라고 기도했다. 지도자로서 동역자들을 챙기는 것은 자연스럽고 아름다운 일이다.

헌물에 대한 기도, "내게 복을 주소서"

느헤미야의 세 번째 소원은 복을 구하는 것이었다.

● 또 정한 기한에 나무와 처음 익은 것을 드리게 하였사오니 내 하나님이여 나를 기억하사 복을 주옵소서 느 13:31

정한 기한에 드린 '나무'란 상번제 등에 계속해서 소용됐던 화목(火木)을 가리킨다. '처음 익은 것'은 제사장과 레위 사람의 생계 유지에 필요했던 대표적인 헌물이다(느 10:34-35). 이는 헌금생활로서, 그것들을 기억해 주시고 복을 달라고 한 것이다.

느헤미야의 기도는 하나님이 자신에게 상급을 베풀어 주실 것과 자신의 성실을 옹호해 주실 것을 기대하는 기도이지, 선행을 근거로 당연한 보상을 요구하고 있지는 않다. 즉 그는 조건부 헌금이나 기도가 아니라, 자신의 헌금생활의 성실성을 말한 것이다. 헌금은 복을 위한 마중물이요 씨앗이지만 꼭 조건부는 아니다. 하나님에 대한 믿음의 표현이다. 그런 이들의 헌금으로 한국 교회의 오늘이 있는 것이다.

우리에게도 주님 앞에 내세울 만한 헌금이 있는가? 헌금에 대한 간증이 있는가? "하나님, 내 헌금을 기억하시고 나와 자손들에게 복을 주소서!"라고 감히 하나님께 부탁드릴 수 있는가?

필자는 이 구절을 읽을 때마다 하나님이 우리 교회 교인들에게 복을 많이 주시기를 기도한다. 주일마다 헌금 봉투를 보면 가슴이 뭉클하다. 특히 십일조 헌금은 대단한 믿음의 고백이다. 평생의 십일조는 순교에 비길 만한 헌신의 최고봉이다. 십일조는 가난해도 힘들고, 부자가 되어도 힘들다.

여러 다양한 헌금들이 떠오른다. 첫 월급을 몽땅 하나님께 드린 성도, 거액의 퇴직금을 건축 헌금으로 드린 장로님, 헌금하기 위해 사업을 하고 가게를 운영하는 성도…. 오히려 분에 넘치는 헌금 생활에 목사인 필자가 걱정하고, 헌금을 너무 많이 하지 마시라고 권할 정도다. 오직 믿음과 교회 사랑으로 힘겹게 헌금하는 분들을 보면 거룩한 부담감으로 "하나님, 그들을 기억하사 복을 주옵소서" 하고 기도하지 않을 수 없다.

그리고 느헤미야처럼 나 자신을 위해서도 간절히 기도한다.

● 내 하나님이여 … 주의 크신 은혜대로 나를 아끼시옵소서 느 13:22

'유종의 미'를 구하는 것이다. 유종의 미는 '시작한 일의 끝맺음을 잘하여 좋은 결과를 거둠' '일을 시작하는 것보다 더 중요한 것이 끝맺음을 잘하는 것'을 이르는 말이다.

당태종이 당나라를 창건하던 때의 검약을 지속하지 못하고 사치와 나태의 풍조를 보이자 신하 위징은 "유종의 미를 거두기 힘든 10가지 원인"이라는 글로 왕에게 간언했다. 그 내용을 소개하면 이렇다.

"초년에는 무위무욕하여 깨끗한 덕이 멀리 변방까지 미쳤다.
지금은…
초년에는 폐하께서 백성들을 자식처럼 생각했다. 그러나…
초년에는 폐하께서 손해를 감수하면서 백성의 이익을 도모했다.
지금은…
초년에는 폐하께서 명예와 의리를 중요하게 여기고 힘썼다. 지금은…

초년에 폐하께서는 순박하고 소박한 생활을 했다. 지금은…

초년에는 어진 인재를 구했다. 지금은…

초년에는 백성들의 생활을 깊이 살폈다. 지금은…

초년에는 공경하는 마음으로 신하를 대했다. 지금은…

초년에는 남의 의견에 귀를 기울였다. 지금은…

초년에는 백성들을 살폈으나 지금 백성은 나라의 부역으로 지쳐 있다. 그러니 살피소서!"

태종은 위징의 간언과 충언을 귀담아듣고 실정을 바로잡음으로 유종의 미를 거두었다. '황제의 모범'을 보여 준 것이다.

대한민국 역사에는 아쉽게도 유종의 미를 거둔 대통령이 없다. 목회자에게도 유종의 미가 쉽지 않다. 공무원들은 퇴직 몇 달을 앞두고 비리에 휘말려 유종의 미를 거두지 못한다. 대부분의 사람들이 노년에 자기 생애와 직분과 인격에서 실패하고 만다. 유종의 미를 거두지 못하면 그동안 애쓰고 수고한 모든 것이 제대로 평가받지 못하고 인생의 마무리가 참 아쉽게 된다.

그런 면에서 느헤미야의 기도는 모든 그리스도인이 유종의 미를 거두는 데 꼭 필요한 기도문이다. 3가지 기도문을 항상 마음에 담고 살면 기도가 유종의 미를 거두게 역사한다. 그래서 기도는 유종의 미도 얻을 만큼 힘이 세다! 이런 기도를 놀려서는 안 된다.

20장

하나님의 섭리 안에서 답을 찾다:
하박국의 격정 기도(합 3:19)

하박국은 주전 600년경 남방 유다 예루살렘을 중심으로 사역한 선지자다. 선지자는 하나님의 대언자, 대변자다. 율법에 어긋나는 백성들의 행위를 꾸짖고 책망한다. 백성들의 마음을 헤아리지 않는다. 그러니 사람들은 당연히 그의 말을 듣기 싫어한다. 그래도 선지자는 하나님 편에 서야 한다. 하나님 편에 서서 계속 선포해야 한다. 이것이 선지자들의 사명이자 숙명이다.

지금도 하박국 선지자 때와 상황은 비슷하다. 영화, 문학, 유명 인사들의 글이 하나님 편이 아니라 인본주의 시각으로 세계를 해석하고 있다. 그것들은 하나님의 반대편에서 사람들을 옹호한다. 그러니 당연히 사람들에게 인기가 있을 수밖에 없다. 반면, 성경과 기독교는 점점 고대 사회의 유물이나 사람들이 만들어 낸 가짜 뉴스처럼 치부되고 있다. 이런 시대에도 기도하는 우리는 하나님 편에 서야 한다.

(거칠게) 항의하다

하박국은 선지자이면서도 하나님 편이 아니라 사람들 편을 들고 나섰다. 그는 "하나님이 살아 계시는데 세상이 왜 이 모양입니까? 왜 나쁜 놈들이 잘되고 이스라엘이 고통을 당합니까?"라고 말했다. 공의가 제대로 행해지지 못하는 상황을 따지다 보니 모양새가 그리되었다.

1장을 보면 '어찌하여'라는 반복 단어가 3회 나온다.

- 어찌하여 내게 죄악을 보게 하시며 **합 1:3**
- 어찌하여 거짓된 자들을 방관하시며 **합 1:13**
- 어찌하여 사람을 바다의 고기 같게 하시며 **합 1:14**

하박국은 "어찌하여 어찌하여 어찌하여…" 하며 백성들의 심한 아픔과 고통을 그들을 대신하여 하나님께 터트렸다. 선지서를 기록한 선지자들은 모두 16명인데, 하박국은 백성들 편에 서서 하나님을 대항해 따지고 들었던 유일한 선지자다. 이것이 하박국 1장이다.

우리에게도 "어찌하여" 하며 따지고 싶은 일들이 벌어진다. '주님의 뜻이려니' 하며 넘어가기에는 이해하기 힘든 일이 있다. 그럴 때면 하나님과 변론하고 싶어진다. 고난의 이유를 묻고 싶은 것이다. 이럴 때 주님께 묻지 않고 인간적 방법으로 문제나 상황을 풀어 나가려다가 신앙심을 잃고, 하나님을 떠나며, 교회에 대해 애정을 버리게 되는 사람들이 많다. 사탄의 계략이다. 하박국서는 이럴 때 신앙인들이 어찌 처신해야 하는가를 보여 준다.

(치열하게) 기도하다

하박국의 심정은 지금도 동일하다. 목사는 하나님 편을 들라고 강단에 세움을 받았는데, 교인들의 아픔을 보면 사람들 편에 서고 싶은 심정이 굴뚝같다. 한 사람, 한 사람의 삶이 너무 안되었기 때문이다. 믿음 생활을 잘하고 십일조 생활을 잘하던 신자들이 병에 걸리고 문제가 생기면 그분들에게 믿음 생활을 바로 하라는, 불행은 까닭 없이 오는 것이 아니라는 말이 쉽게 나오지 않는다.

미국 하버드대학교 의과대학을 수석으로 졸업한 젊은이가 아프리카 의료 선교사로 지망해 세상을 떠들썩하게 했다. 거기까지는 좋았다. 그는 아프리카에 도착하는 날 급성 말라리아에 걸려 즉사했다. 이럴 때 목사가 쉽게 하나님 편을 들 수 있을까?

하버드 수석 졸업자의 죽음 앞에서 그 부모에게 “죽고 사는 것은 하나님의 뜻입니다”라고 말하기란, 어렵게 신학 공부를 마치고 목사 임직을 눈앞에 두고 세상을 떠난 사람 앞에서 “천국에서 필요했나 봅니다”라고 말하기란, 남편을 먼저 떠나보낸 젊은 미망인에게 “하나님의 뜻이 있을 것입니다”라고 달래면서 하나님 편에서 말하기란 쉽지 않다. 때로는 목사들도 사람들 편에 서서 따질 수밖에 없는 것이다. 어찌하여 이런 일이 있어야 하냐고, 대답 좀 해 보시라고 말이다.

'하박국'의 뜻은 '포옹' '껴안다'라는 의미다. 그러나 하박국은 하나님을 껴안은 형편이 아니라 "하나님, 대답 좀 해 보시라고요!" 하며 허리에 손을 얹고 따지고 있다. 하나님 편을 들라고, 하나님을 대언하라고 세우셨는데, 사람들의 사연을 듣고 와서 "어찌하여 이러실 수 있습니까! 왜 그렇게밖에 못 해 주십니까!" 하며 오히려 사람들 편을 들고 하나님께 따졌다.

여기가 하박국서의 끝은 아니다. 하박국은 여기서 멈추지 않았다. 여기서 멈추고 사람들 편을 드는 일로 끝났다면 하나님의 종이 아니다. 하박국은 불평불만자로 남지 않고 "내가 내 파수하는 곳에 서며 … 나의 질문에 대하여 어떻게 대답하실는지"(합 2:1) 알아보려고 성루에 올라갔다. 하나님의 응답을 받아 내기 위해 기도원을 찾았다는 정도로 이해하면 된다. 그곳에서 하박국은 하나님의 응답을 받았다. 이것이 2장 전체 내용이다.

1장의 반복 단어는 '어찌하여'로서, 선지자의 따짐이다. 2장의 반복 단어는 여기에 대한 하나님의 응답이다. '화 있을진저'로서, 6, 9, 12, 15, 19절 등 총 5회 나온다. "왜 그냥 두십니까?"라는 질문에 하나님은 "악을 행하는 자들을 내가 가만 놔두지 않을 것이다. 그들에게 화가 있을 것이다"라고 답하신 것이다.

그러면서 하박국 선지자에게 무조건 사람들 편을 든다고 날뛰지 말고 어떤 자세를 취해야 하는지를 알려 주셨다.

● 의인은 그의 믿음으로 말미암아 살리라 합 2:4

너무 인간의 감정에 치우쳐 사람의 입장에만 서서 당황하게 굴지 말라는 것이다. 그리고 이어서 "더딜지라도 기다리라"(합 2:3), "물이 바다를 덮음같이 여호와의 영광을 인정하는 것이 세상에 가득함이니라"(합 2:14), "오직 여호와는 그 성전에 계시니 … 잠잠할지니라"(합 2:20)라고 말씀하셨다.

하박국은 인생의 고난에서 지혜롭게 처신했다. 하나님의 처사가 이해되지 않아도 하나님을 떠나지 않고 하나님의 섭리 안에서 답을 찾으려 했다. 하나님의 답은 "악인들은 심판을 받을 것이니 너무 감정에 치우치지 말고 믿음으로 기다리라"는 것이다.

하박국은 기도를 통해 하나님의 응답을 받아 냈다. 하박국은 백성들 편에서 하나님께 따지는 일을 시작했지만, 거기서 멈추지 않고 기도의 자리, 성전으로 나갔다. 그곳에서 깊이 묵상했고 하나님의 내밀한 속마음을 알아냈다. 하나님은 시간을 재고 계시는 중이었다. 하박국은 성전에서 무릎을 꿇고 기도하는 중에 그 사실을 알아낸 것이다.

아우구스투스 토플레디(Augustus M. Toplady)는 "무릎을 꿇은 그리스도인은 발돋움을 한 천문학자보다 더 멀리 본다"라고 말했다. 그는 새찬송가 494장 "만세 반석 열리니 내가 들어갑니다 창에 허리 상하여 물과 피를 흘린 것 내게 효험되어서 정결하게 하소서"를 작시한 영국의 목사다.

지난 시대, 독재 정권을 상대로 투쟁한 민주 투사들이 있었다. 그들은 정의를 위해 생애를 바쳤다. 백성들의 아픔과 함께했다. 그러나 일부 기독교 민주 투사들이 왜 믿음을 제대로 이어 가지 못하는가? 왜 성실한 신앙생활보다는 거리 투사로 살아가고 있는가? 하박국서에서 절반밖에 보지 못한 까닭이다.

몇몇 사람들은 대중 앞에서 하나님께 따지고 정의가 구부러진 세상을 향해 목청을 높였지만, 하박국처럼 깊은 곳, 높은 곳, 성전에서 하나님을 깊이 묵상하지는 못했다. 그래서 그들은 하나님께 항의하고, 성에 차지 않자 하나님의 정의를 대신하려다 순수한 믿음을 잃어버리고 말았다.

(감격하여) 찬양하다

2장에서 하나님은 선지자를 껴안아 주셨다. 하나님을 향하여 대드는 그를 후려치실 만한데도 오히려 안아 주셨다. 하박국은 그 품에서 하나님의 마음을 알았다. "우리는 죄가 없다" "하나님을 잘 믿었다" "이방 제국은 나쁘다" 했지만 사실 자기들도 하나님의 자비와 긍휼이 아니면 살 수 없는 죄인에 불과했다. 쥐꼬리만 한 정의를 갖고 하나님이 악인들을 심판하지 않으신다고 따지고 들었던 것이다. 그런데도 하나님이 따스한 품에 안아 주실 때 하박국은 감격의 노래를 불렀다. 이것이 3장이다.

하박국 3장 1절은 "시기오놋에 맞춘"이라는 구절로 시작한다. '시기오놋'은 '열정적인 시가(詩歌)'라는 의미로, 빠른 리듬과 열정적인 감정의 변화를 유도하는 음악의 한 형태다. 선지자는 강한 감정과 긴박감을 가지고 노래했다.

하박국은 하나님의 마음, 하나님의 계획을 알고는 너무 기쁘고 행복했다(합 3:2). 그런 줄도 모르고 혼자 똑똑한 척 질문하고 따지고, 제풀에 지쳐 낙심하고, 함부로 해석해서 항의하다가 이제는 "하나님, 너무 죄송해요"라고 고백한 것이다. 하박국은 진정한 마음으로 하나님을 껴안았다.

진정한 포옹을 하는 순간, 하나님의 진심이 전해지고 '하나님의 대언자' 하박국으로 돌아왔다. 그리고 그는 그 유명한 구절을 노래했다.

- 비록 무화과나무가 무성하지 못하며 포도나무에 열매가 없으며 감람나무에 소출이 없으며 밭에 먹을 것이 없으며 우리에 양이 없으며 외양간에 소가 없을지라도 나는 여호와로 말미암아 즐거워하며 나의 구원의 하나님으로 말미암아 기뻐하리로다 합 3:17-18

눈물범벅이었다. 하나님도 껴안으시고 하박국도 껴안고, 더 껴안고! 기도를 통해서 만들어 낸 위대한 포옹의 장면이 상상된다. 기도는 이렇게 위대한 것이다. 주님의 마음, 주님의 응답을 알게 되었을 때 하박국은 최악의 상황에서도 기쁨으로 참고 찬양하면서 기다리겠다고 흥분했다. 그래서 이렇게 고백했다.

- 주 여호와는 나의 힘이시라 나의 발을 사슴과 같게 하사 나를 나의 높은 곳으로 다니게 하시리로다 합 3:19

하박국의 신앙 역전이다. 따지고 대들던 하박국, 하나님이 하나님 편을 들라고 세우셨는데 인간들 편에 서서 정의감으로 하나님과 맞짱을 뜨던 하박국은 그제야 하나님 품 안에서 참는 법, 견디는 법을 알게 되었다. 뜨거운 눈물로 다시 일어섰다. 그것이 하나님의 품의 위대함이고 치료해 주시는 하나님의 힘이다.

삶의 어려움은 비단 힘든 어떤 일 때문에 생기는 것만이 아니다. 인생이 곤고한 까닭은 너무 불행을 많이 당하고, 일어나고 있는 상황을 다 이해하지 못해서가 아니다. 따스한 품이 없기 때문이다. 하나님을 제대로 이해하고, 그분이 나를 껴안아 주시고 내가 그분을 더욱 껴안게 된다면 우리도 하박국처럼 빠른 템포의 승리 노래를 부를 수 있다.

인생은 해석을 위해서 주어진 것이 아니다. 이해 못할 일들이 너무 많다. 그렇기에 "하나님, 어찌하여 이런 일이 일어나고 있습니까?"라고 질문하지 말고, "하나님, 이 일을 통해 무엇을 보여 주시렵니까?"라고 물어야 한다.

주님의 품 안에 안겼던 제자 요한처럼(요 13:23), 하박국처럼 하나님을 껴안으면서 이 질문을 할 때 내게 견디는 힘, 기다리는 힘, 다시 일어날 힘이 생긴다. 기도와 함께 얻는 센 힘이다. 그래서 기도는 생각을 역전시킬 만큼 그 힘이 세다!

21장

전체 복음을 요약하다:
예수님의 주기도문(마 6:9-13)

당시 종교 공동체에서 랍비들은 제자들에게 기도문을 만들어 주었고, 일반 유대인들도 정시에 일정한 형태의 기도문으로 기도를 했다(행 10:3, 9). 제자들도 예수님을 중심으로 하는 그들 공동체를 특징지어 줄 기도를 원했다.

예수님의 제자들은 매일 기숙을 하면서 스승의 기도를 눈여겨보았고 들었다. 예수님의 기도는 이전 랍비들과는 단어 사용, 친밀감, 형식에서 달랐다. 그래서 예수님 방식의 기도법을 알려 달라고 요청했다. 그것이 바로 주기도문이다. 교부 터툴리아누스(Tertullianus)는 주기도문을 "전체 복음의 진정한 요약"이라고 말했다.

주기도문 1. 이렇게 살라

주기도문은 '기도의 내용'과 '기도의 생활'을 말한다. 즉 "너희는 이렇게 기도하라"와 "너희는 이렇게 살라"로 구성되어 있다.

- 너희는 기도할 때에 이렇게 하라 눅 11:2

기도한 대로 사는 것이 진정한 기도다. 이런 실천의 기도가 하나님의 보좌를 움직이는 기도다. 우리가 기도대로 살지 못하기에 누구는 "기도가 한국에서 학살당하고 있다"라고 말하고, 마르틴 루터(Martin Luther)는 "주기도문이 순교당하고 있다"며 비꼬았다.

한국 교회는 "이렇게 기도하라"에는 성공했지만, "이렇게 살라"에 있어서는 아쉬운 점들이 많다. 그것은 기도자들이 기도한 대로 살지 못했다는 의미다. "이렇게 기도하라"는 기도의 복이고, "이렇게 살라"는 기도의 그릇에 비유된다. 아무리 복을 구해도 생활이 바탕이 되는 그릇이 준비되지 못하면 복은 새어 버리고, 하나님이 아예 주지 않으신다.

기도가 생활로 이어지지 못하는 이유는 경배의 대상이신 하나님을 제대로 실감하지 못하기 때문이다. 하나님을 신령한 신령님, 하늘님, 하느님 정도로 인식한다. 이런 샤머니즘 기도에는 윤리가 없다. 무당이나 나무나 바위 등에 기도하는 이들에게는 복 타령만 있지, 기도대로 살게 해 달라는 윤리가 없다. 지금 우리의 기도가 그런 행태가 아닌가.

우리 주님은 제대로 된 기도와 생활을 위해서는 기도의 대상, 즉 하나님이 누구신가를 바로 알아야 한다고 가르치셨다.

주기도문 2. 하늘에 계신 하나님

예수님은 경배 대상의 호칭을 '아버지'라 분명하게 말씀하셨다(눅 11:2). 전능하신 여호와 하나님을 아버지라 호칭하라는 가르침은 유대인 출신 제자들에게는 충격 자체였다. 유대인들은 하나님의 이름을 감히 부르지 못했다. '여호와'라 쓰고 '아도나이'라고 불렀다. 눈으로 읽는 묵음을 택하기도 했다. 그런데 아버지라니, 이것이 예수님의 기도가 다른 이유다.

마르틴 루터는 좋지 않은 아버지상을 갖고 있었다. 아들이 법관이 되기를 원했던 그의 아버지는 매우 엄했다. 하찮은 일에도 야단을 쳤으며 매질을 했다. 그래서 루터는 "하늘에 계신 아버지여!"라는 개념을 좋아하지 않았다. 어머니와 같은 성령의 영을 좋아했다. 그러나 예수님이 말씀하신 아버지는 무섭고 엄격하기만 한 아버지가 아니시다.

● 하늘에 계신 우리 아버지여 마 6:9

기도의 대상은 하나님이시다. 유대인에게 신의 존재를 규정하는 논쟁은 백해무익하다. 이방인의 신들은 형상이 있지만, 유대인의 신은 형상이 없다. 그렇다 보니 유대인은 신의 존재 자체를 자신에게 둔다. 자신이 여호와 하나님의 작품이라는 것이다. 자신을 보면 여호와께서는 틀림없이 존재하신다는 것이다.

그 하나님은 어디에 존재하시는가? 하늘이다. 하늘이 어디에나 있듯이 하나님은 안 계시는 공간과 시간이 없다. 하늘이 보이지 않는 곳이 없듯이 하나님은 어디에서나 보신다. 하늘은 능력 자체다. 이는 사람들의 손으로 만들어진 땅에 있는 저급한 신들과는 비교할 수 없는 고급적인 신이요, 창조주가 되심을 의미한다. 하늘에 계시니 땅을 창조하시고 주관하시고, 비와 바람을 주장하시는 분이다.

"우리 아버지여"라는 말씀에서 '아버지'는 히브리어로 '아바'다. 아바를 '아빠'라는 친근감이 넘치는 용어로 이해하는 것은 틀리지는 않지만 무리가 있다. 아바는 육신의 아버지, 조상이나 열조, 스승, 국가의 중요한 지도자를 칭한다. 그러니까 아바는 아빠라는 개념과 함께 존경과 존엄과 경외함을 의미한다.

여기서 예수님이 하나님을 아버지라 부르라 하심은 사역적인 면을 가르치신 것이다. 유대인 아버지에게 아들과의 관계는 부자지간만 아니라 일의 계승자다. 제사장직은 세습되었다. 아버지의 직업도 가업으로 계승되었다. 성경에 '세베대의 아들'이라는 표현이 자주 나오는데, 당시 요한과 야고보를 처음 만난 사람이라 할지라도 그의 아버지 세베대를 알고 있다면 '아, 이들은 뱃사람이구나'라고 생각했을 것이다.

예수님이 하나님을 아버지라 부르라고 하신 까닭 역시 단지 다정함만이 아니라 '아버지의 아들이니 아버지를 닮아 빛이 되고, 아버지의 일을 하라'는 의미에서였다.

'하늘에 계신' '우리' '아버지', 이 세 단어에 함축된 하나님이 우리의 기도 대상이시다. 그러니까 기독교의 기도는 힘이 셀 수밖에 없다.

주기도문 3. 하나님을 위한 기도, 나를 위한 기도

하나님을 위한 기도

주기도문은 두 영역으로 되어 있는데, 먼저는 하나님을 위한 기도다. 하나님을 위한 기도는 3가지다.

- 이름이 거룩히 여김을 받으시오며 나라가 임하시오며 뜻이 하늘에서 이루어진 것같이 땅에서도 이루어지이다 마 6:9-10

첫째는 "이름이 거룩히 여김을 받으시오며"다. 아버지께서는 거룩한 존재시다. 하나님의 자녀들은 아버지의 명예를 더럽혀서는 안 된다. 아버지께서는 거룩하게 존경받으셔야 한다. 하나님의 백성에게서 거룩한 예배와 거룩한 생활을 통해 거룩히 여김을 받으시는 것이다. 하나님의 이름은 이방인들에게서도 거룩히 여김을 받으셔야 한다. 하나님의 자녀들이 아버지를 닮아 거룩하게 살 때 그분의 이름이 이방인들에게서도 거룩히 여김을 받게 된다.

어떻게 하나님의 거룩을 투영할 수 있나? 하나님과의 교제를 통해 하나님을 알수록 거룩해진다. 하나님의 거룩을 내 삶에 날마다 비출 때 생활에서도 거룩해진다. 그래서 이 기도는 "하나님, 우리가 거룩한 빛으로 살 수 있도록 해 주십시오. 그러면 우리의 거룩을 통해 하나님이 더욱 거룩한 분이시라는 찬사를 받으시게 될 것입니다"라는 의미다. 하나님의 백성으로서의 간구와 스스로 거룩함을 유지하겠다는 선언을 하면서 살라는 것이다.

둘째는 "나라가 임하시오며"다. 유대인들이 항상 낭송하는 기도문으로, 메시아가 오셔서 우리를 구원해 달라는 간구다. 그래서 "하나님의 공의로 다스리시는 나라가 되게 하소서!"라는 기도다. 그제나 지금이나 하나님 나라는 위에 있는 것이기에 내려오는 나라를 말한다. 요한계시록도 '위로부터 새 예루살렘이 내려온다'라고 표현하고 있다(계 3:12, 21:2).

셋째는 "뜻이 하늘에서 이루어진 것같이…"다. '하늘'은 우주 만물이다. 해와 달과 별들은 충돌하거나 사고가 없다. 남의 영역을 넘보거나 사역을 시샘하지도 않는다. 오직 자기 일에 충실하다. 서로의 역할을 잘 감당하도록 돕는 것이다. 그래서 하나님의 뜻이 하늘에서는 온전히 이루어지고 진행 중이다. 이 땅에서 우리도 그렇게 살게 해 달라고 기도하는 것이다. 하나님의 의도대로 세상이 돌아가도록, 제자들은 제 역할을 잘하고, 남들도 역할을 잘할 수 있도록 상생하게 해 달라는 기도다. 하나님의 창조 계획대로 세상이 돌아가는 일에 동역을 잘 감당하게 해 달라는 간구다. 그래서 주기도문은 "이렇게 살라"가 되는 것이다.

나를 위한 기도

주기도문의 두 영역 중에 다른 하나는 나를 위한 기도다.

- 오늘 우리에게 일용할 양식을 주시옵고 우리가 우리에게 죄지은 자를 사하여 준 것같이 우리 죄를 사하여 주시옵고 우리를 시험에 들게 하지 마시옵고 다만 악에서 구하시옵소서 **마 6:11-13**

첫째는 "오늘 우리에게 일용할 양식을 주시옵고"다. 공급에 대한 기도다. 유대인들은 상당히 현실적이다. 현재를 중시하는 전통이 있다. 그들에게는 오늘에 집중하는 것이 미래를 대비하는 것이다. 이것이 "오늘은 오늘에 충실하라"라는 주님의 말씀으로 이어진다. 그러니 오늘의 일용할 양식은 내일의 양식을 대비하는 것이다. '일용할 양식'은 빵보다는 일할 수 있는 신체적인 힘, 기술, 장소, 기회 등을 뜻한다.

예수님 당시 빵을 얻으려면 남자는 힘과 기술, 경작지가 있어야 했다. 빵이 저절로 만들어지는 것은 아니다. 알곡을 빵으로 만드는 역할은 여인들의 몫이었다. 여인 1명은 대략 6명을 먹여 살렸다. 하루 소비 곡식량은 1인당 500g 정도였다. 6명이면 3kg을 갈아야 했다. 매일 4시간 일할 분량이다. 그러니 매일 일용할 양식은 물론 신체적인 힘도 달라고 기도한 것이다.

둘째는 "우리 죄를 사하여 주시옵고"다. 용서에 대한 기도다. 유대인들은 7월 10일 대속죄일이 되면 1년 죄를 도매금으로 용서받는다. 여기에서 선행될 것은 사람들에게 지은 죄들이 용서를 받아야 한다는 것이다. 그래서 대속죄일에 앞서 40일간 용서를 구하는 예비 단계를 가졌다.

30일간은 사람들에게 용서를 구했다. 서로 죄를 고백하고 용서하고 변상하고 보상했다. 여기에서 용서를 구할 뿐만 아니라 용서를 해 줄 때 더 용서를 받았다. 그래서 유대인들은 성구에 근거하여 "빚진 자를 탕감하여 준 것같이 우리의 빚도 탕감하여 주시옵고"라고 구했다. 또한 10일 동안은 하나님께 용서를 구했다. 그제야 제대로 용서를 받게 되는 것이다.

우리는 이런 면에서 약하다. 그래서 하나님께 용서를 받아야 할 영역, 사람에게 용서를 받아야 할 영역을 두루뭉술하게 넘어가 버리고 만다. 그러니 거룩이 나타나지 않는다.

셋째는 "우리를 시험에 들게 하지 마시옵고 다만 악에서 구하시옵소서"다. 시험을 이김과 악에서 보존해 달라는 기도다. 시험은 테스트(test)가 아니라 템테이션(temptation)이다. '테스트'는 단련시키고, '템테이션'은 유혹해서 넘어뜨린다.

지금 예수님은 '무리들'에게 기도를 가르치고 계신다. 하늘나라 시민으로서 의로운 무리들이다. 이들이 제자들이 되고, 사도들이 된다. 그런데 여기에는 사악한 무리들도 있다. 악한 자들과 함께 있기에 항상 유혹을 당한다. 이스라엘이 출애굽할 때 잡족들이 합류해서 탐심을 품었다. 때로는 이들 잡족 때문에 40년을 방황했다며 자기들의 잘못을 희석하기도 한다. 그래서 유대인들은 항상 이런 기도를 드린다.

"우리를 악한 사람에게서 구하소서. 악한 친구에게서 구하소서. 악으로부터 구하소서. 악한 생각에서 구하소서. 우리를 악한 자, 파기하는 사탄에게서 구하소서."

예수님은 전통적인 유대인의 기도를 통해 악한 자들의 행위와 삶에 유혹되지 말도록 기도하라고 하셨다. 거짓된 번영에 유혹되지 말라는 것이다. 그래야 빛이 되고 소금이 되지, 유혹되어 버리면 빛은 변색되고, 소금은 변질이 된다. 그러면 사명을 감당하지 못하는 것이다.

그 이름에 영광과 그의 나라가 영원하기를!

● (나라와 권세와 영광이 아버지께 영원히 있사옵나이다 아멘) 마 6:13

"그 이름에 영광과 그의 나라가 영원하기를!"

유대인들에게는 익숙한 구절이다. 대속죄일에 대제사장은 엎드려 속죄와 함께 이 구절을 선포했다. 예수님 당시에도 유대인들은 '쉐마'인 신명기 6장 4절 이하의 마지막 구절들인 '교육의 대헌장'을 낭송했다. 부모의 교육적인 사명을 담은 구절들이다. 그렇기에 주기도문은 위대한 가르침이며 교육적인 가르침이다. 그리고 얼마나 좋은 기도문인가. 하나님을 최우선으로 삼아 기도하고, 기도한 대로 살면 하나님은 이후의 것들을 그냥 주신다. 우리의 우선순위는 항상 '나'다. 우선이라기보다는 내가 전부다. 샤머니즘적인 기도관에 영향을 받았기 때문이다.

기도의 말미에는 "아멘!" 해야 한다. '아멘'은 '믿습니다' '그렇게 하겠습니다' '그렇게 될 것을 확신합니다'라는 의미다. 주기도문에서 아멘은 내가 믿는다는 도장이요, 내 사인이다. 그것은 예수님의 사인이기도 하다. 사인이 없으면 주기도문은 효력을 발휘하지 못한다.

주기도문은 암송만 해도 훌륭한 기도 그 자체다. 주기도문을 암송해서 세상을 이길 힘을 공급받고 하나님을 위해 살자. 그래야 기도대로 살게 되고 생활 신앙이 된다. 처음부터 되는 것은 아니다. 아침에 일어나면 사도신경, 저녁에는 주기도문 등 규칙적인 기도 습관을 들이는 것도 좋겠다. 그러면 점차 기도가 성장한다.

22장

내 뜻을 포기하고 하나님의 뜻을 채우다:
예수님의 순종 기도(마 26:36-46)

세상에 문제 없는 곳은 없다. 문제가 없다면 공동묘지다. 죽은 사람들에게는 문제가 없다. 반대로, 살아 있다면 누구에게나 문제는 있다. 문제는 살아 있는 자들이 치러야 할 대가다. 예수님께도 문제가 생겼다. 인류 구원을 위해 이 땅에 오셨지만 십자가에서 죽임당하는 길이 예비되었다. 처음부터 각오하고 성육신하셨지만 이제 십자가상에서 하나님의 외면이라는 문제에 직면하게 되었다.

겟세마네에 문제 해결이 있다

예수님이 문제만 생기면 찾아가신 장소는 겟세마네 동산이다. 겟세마네는 문제를 해결하는 곳이다. 예수님은 제자들에게 하소연하지 않고, 상대와 싸우지 않고, 온유한 마음으로 수용하면서 겟세마네를 찾아 치유와 회복을 얻으셨다.

우리도 '그곳에만 가면' 문제가 해결되는, 습관적으로 가는 곳이 있어야 한다. 친정에서 실컷 울고 오면 가슴은 후련하지만, 눈물로 하소연한 아픔과 상처들이 부모에게로 고스란히 이동한다. 부모에게 아픔을 안겨 주고 돌아와서 "나는 이제 괜찮다"고 하지만, 부모는 괜찮지 않다. 그때부터는 부모에게 상처가 나고 힘들어지는 것이다.

유대 전승에 의하면, 이삭은 어려운 문제만 발생하면 모리아산에서 죽을 뻔한 바위를 찾아 기도하며 매달렸다고 한다. 이삭은 모리아산의 여호와 이레의 하나님, 자기 대신에 희생될 제물을 손수 준비해 두셨던 하나님을 생각하며 그분께 어려움을 아뢰고 문제를 해결하려 했다는 것이다. 삭개오는 사는 것이 힘들고 어려우면 돌무화과나무로 달려가 그 아래에 앉아 울며 예수님을 회상했다고 한다. 모두 전승이지만 그럴듯하다.

다윗은 문제가 생기면 하나님을 찾아 "여호와께서는 나의 도움이시요 산성이시며 나의 피할 바위시라"라고 고백하며 어려움을 타개했다. 반면, 사울은 하나님을 찾은 대신에 신접한 여인을 찾았다. 무당, 점쟁이를 찾은 것이다. 이후 그는 전쟁에서 세 아들과 함께 비참하게 전사했다. 하나님을 찾은 사람은 문제가 해결되고, 점쟁이를 찾은 사람은 자기만 죽은 것이 아니라 일가족이 몰살되는 참극을 당한 것이다.

우리에게 겟세마네는 교회다. 세상이 아무리 교회를 욕하고 비난해도 교회는 내가 주님을 만난 곳이요, 인생의 문제를 해결한 곳이요, 하나님의 사랑을 느꼈던 곳이다. 교회의 내 자리가 신앙의 친정집, 겟세마네가 되어야 한다. 울어도 못하고 힘써도 못하는 문제는 오직 하나님을 만나면 해결될 수 있다. 이것이 우리의 기도요 믿음이다. 하나님 안에 문제 해결이 있다! 그래서 예수님은 하나님과 친밀한 교제를 나누려고 습관적으로 겟세마네를 찾으셨던 것이다.

겟세마네에서 결사적으로 기도하시다

예수님께 문제가 생겼다. 십자가를 앞에 두고 생겨난 문제다. 얼핏 보면 '십자가를 져야 하는가, 피해야 하는가' 하는 문제다. 그래서 예수님은 겟세마네로 올라가셨다. 예수님의 심정은 "고민하고 슬퍼하사"(마 26:37) "내 마음이 매우 고민하여 죽게 되었으니"(마 26:38)라는 말씀에서 엿볼 수 있다.

얼마나 죽기 살기로 기도하셨으면, 의사 신분인 누가는 이 부분을 다음과 같이 더욱 사실적으로 기록했다.

● 예수께서 힘쓰고 애써 더욱 간절히 기도하시니 땀이 땅에 떨어지는 핏방울같이 되더라 눅 22:44

'간절히 기도하셨다'는 말은 '간(肝)이 저릴 정도로 기도하셨다'는 뜻이다. 얼마나 간절히 기도하셨으면 땀과 피가 나왔을까? 땀이 핏방울같이 보이는 이런 현상은 혈액의 빛깔을 가진 땀이 나는 색한증의 일종이다. 피부의 작은 출혈로 혈액이 모세관벽을 통하여 땀샘에 들어가기 때문에 생기는 드문 질환이다.

이처럼 예수님이 겟세마네 동산에서 드리셨던 그날의 기도는 결사적이었다. 어떤 면에서 그리 결사적이셨을까?

우선, 시간에서 결사적이셨다. 예수님은 모두가 잠자리에 든 시간에 기도하셨다. 유대인들은 유월절을 모세 시대부터 지켜 왔다. 《하가다》라는 유월절 예식서가 있다. 보통 4시간 정도 걸려야 이 예식을 다 마칠 수 있는데, 해가 지면 시작된다. 예수님도 저물 때마가 다락방에서 유월절 예식을 제자들과 함께하셨다. 제자들의 발도 일일이 씻어 주셨다. 그리고 겟세마네로 오셨다. 제자들은 얼마나 피곤했던지 곤히 잠들었다. 그런 시간에 예수님은 기도하셨다. 남들이 잘 때 기도하시는 예수님의 모습을 본다.

또한 장소에서도 결사적이셨다. 갈멜산이나 변화산으로 가신 것이 아니다. '겟세마네'는 '쥐어짜다'라는 뜻이다. 예수님은 그날 밤에 겟세마네에서 쥐어짜는 기도를 하셨다. 얼굴을 땅에 대고 기도하셨다. 보통 무릎을 꿇고 두 손을 들고 기도하는데, 얼굴을 땅에 대시고 엎드려 기도했다는 표현은 성경에 이곳밖에 없다. 그런 자세는 결사적으로 기도하는 모습이다.

간절히 반복하는 기도에서도 얼마나 결사적이신지를 알 수 있다. 예수님은 같은 기도를 세 번 반복하셨다. 제자들은 세 번 반복하여 잤다. 같은 기도를 한 장소에서 반복하셨다. 기도는 반복이다. 이루어질 때까지 기도하는 것이다. 마음에 확신이 올 때까지 기도해야 한다. 승리의 확신이 올 때까지 부르짖어야 한다. 할 수 있다는 믿음이 올 때까지 기도해야 한다.

예수님의 기도는 처절하리만큼 결사적이었다. 바리새인들의 기도는 위선적이었다. 이중적인 저의(底意)가 있었다. 예수님의 기도는 솔직하게 심정을 토로하는 기도였다.

우리 주님은 이처럼 겟세마네 동산에서 간절히 기도하셨다. 주님은 무엇이 그리 두렵기에 기도에 결사적이셨을까? 주님은 바로 이것을 가장 두려워하셨다.

"할 수 있으시거든 이 잔을 내게서 피하게 하옵소서."

'이 잔(盞)'은 십자가에서 당하시는 육신의 고통이 아니다. 십자가의 고통은 얼마든지 참아 내실 수 있다. 만약 그런 것이었다면 공격을 피함으로 그 잔을 피하실 수도 있었다. 예수님이 두려우셨던 것은 하나님의 외면이었다. 주님은 하나님의 외면 없이 죽고 사역을 마무리짓고 싶으셨다. 하나님의 사랑의 눈길이 멈추고 관계가 단절되는 것, 그것이 바로 피하고 싶으신 잔으로, 주님은 그것을 두려워하셨다. 예수님의 기도는 이런 것이다.

"아버지, 십자가는 제 몫이니 지겠습니다. 그러나 십자가에 달린 저를 죄 덩어리로 보고 혐오하심으로 저를 외면하지는 말아 주세요. 그런 순간은 피하고 싶습니다. 그런 잔은 마시지 않는 은총을 허락하소서."

우리 주님은 십자가의 고통보다 하나님의 외면을 더 두려워하셨던, 오직 하나님의 사랑 안에서, 인정 속에서만 살아가고자 하셨던 분이다. 그래서 다음 날 십자가에서 정오의 빛이 사라졌을 때 하나님의 임재가 철회된 것을 느끼고 너무 두려워 "나의 하나님, 나의 하나님, 어찌하여 나를 버리셨나이까"(마 27:46) 하며 부르짖으셨다. 그만큼 하나님의 외면은 피하고 싶으신 잔이었던 것이다.

겟세마네에서 순종의 기도로 응답받으시다

예수님은 앞에 있는 잔을 피해 보고자 세 번의 기도를 계속하셨다. 같은 문장이요, 같은 기도의 반복 같지만, 기도가 계속될수록 조금씩 달라지는 것을 살필 수 있다.

- 첫 번째 기도: 내 아버지여 만일 할 만하시거든 이 잔을 내게서 지나가게 하옵소서 그러나 나의 원대로 마시옵고 아버지의 원대로 하옵소서 하시고 마 26:39
- 두 번째 기도: 다시 두 번째 나아가 기도하여 이르시되 내 아버지여 만일 내가 마시지 않고는 이 잔이 내게서 지나갈 수 없거든 아버지의 원대로 되기를 원하나이다 하시고 마 26:42
- 세 번째 기도: 또 그들을 두시고 나아가 세 번째 같은 말씀으로 기도하신 후 마 26:44

세 차례의 기도를 정리하면 이렇다.

- 첫 번째 기도: "아버지, 어찌 안 되겠습니까? 그러나 내 원대로 마시고 아버지 원대로 하소서." 이 기도에는 내 의지가 강하게 어필되고 있다. "잔을 피하고 싶으니 피할 수만 있다면 피하되, 그러나 아버지의 뜻을 따르겠습니다"라는 의지다.

● 두 번째 기도: "아버지, 아무래도 안 되겠지요? 그러니 내 원대로 마시고 아버지의 원대로 하옵소서." 이 기도에서는 내 의지보다는 아버지의 의지가 앞선다. 그러면서도 내 의지가 아직도 남아 있다.

● 세 번째 기도: "아버지, 아버지께서 정하신 뜻대로 하옵소서. 내가 따르겠습니다." 이 기도에는 아예 처음부터 내 의지는 없다. 아버지의 뜻에만 철저히 순종하겠다는 결심이 보인다.

기도는 이런 것이다. 내 의지를 앞세우고 끝까지 밀고 나가는 것이 기도가 아니다. 기도는 하나님의 뜻을 구하는 것이다. 그래서 기도를 많이 하는 사람은 내 생각을 십자가에 못 박는다. 하나님의 뜻이 내 생애에서 이루어지도록 그분께 모든 결정권을 드린다. 덴마크 철학자 쇠렌 키르케고르(Søren A. Kierkegaard)는 기도에 관해 "기도는 하나님을 변화시키는 것이 아니라 기도자를 변화시키는 것이다"라고 말한다.

우리는 내 생각을 쉽게 포기하지 못하니 금식하고, 그것이 잘 안되면 기도원의 결사 기도로 들어간다. 그 마음을 모르는 바는 아니나 이는 자칫 내 목적을 이루기 위해 하나님을 포기시키려 하는, 기도의 원래 뜻과는 반대로 가는 스팸 기도다.

예수님은 겟세마네 동산에서 기도 응답을 받으셨다. 처음에는 고난의 잔을 피하려고 기도하셨지만, 응답은 고난의 잔을 마시는 것이었다.

예수님은 응답으로 받아들이시고 제자들에게 "일어나라 함께 가자"(마 26:46)라고 말씀하셨다. 예수님은 기도 시작 전에는 고민하셨다. 심히 슬퍼하셨다. 함께 기도해 달라고 부탁도 하셨다. 그러나 기도하고 나서는 당당하셨다. "일어나라 함께 가자" 하셨다. 기도하신 예수님께는 고민이 사라졌다. 이제는 일어나 십자가를 지고 고난의 잔을 의연하게 받아들이시는 일만 남았다. 기도 후에 일어난 능력의 역사다.

겟세마네 기도는 기도의 교본이다. 겟세마네 기도는 내 뜻을 포기시키고 하나님의 뜻을 따르게 만든 센 기도다. 그래서 기도는 내 뜻을 포기하게 할 만큼이나 힘이 세다! 내 뜻이 삭제되고 하나님의 능력으로 꽉 차 있으니, 기도는 돌문을 열고 쇠창살을 열 만큼 힘이 세다.

23장

주님의 마음을 구하다:

십자가의 용서 기도(눅 23:32-35)

"예수님의 죽으심"은 그리스도인이라면 누구나 관심을 가져야 하는 주제다. 이유는 신자들의 모든 것이 그리스도의 죽으심에 기초되어 있을 뿐만 아니라 그분의 죽으심은 인간의 상상을 초월하는 죽음이며, 인류 역사상 단 한 번밖에 없는 사건이기 때문이다.

예수님은 금요일 오전 9시에 십자가에 달리셔서 오후 3시에 운명하셨다. 십자가에 달려 계신 시간은 6시간 정도였다. 주님은 십자가 위에서 일곱 마디 말씀을 남기셨다. 세 마디는 하나님을 향한 외침과 간청이며, 네 마디는 사람들을 향한 부탁과 구원의 말씀이다. 일곱 마디 말씀만으로도 주님이 어떤 분이신지, 어떤 일을 하러 오셨고, 그 사역의 완성도는 어떠한지를 알 수 있다.

일곱 마디 말씀 중 '용서의 기도'는 첫 번째 말씀, 즉 가상일언

(架上一言, 십자가 위의 첫 말)이다. 그만큼 우리에게는 복된 기도다. 모두가 주님이 십자가에서 하신 기도의 수혜자이기 때문이다.

모든 것이 끝났을 때도

예수님은 공생애를 시작하면서 기도하셨다.

● 백성이 다 세례를 받을새 예수도 세례를 받으시고 기도하실 때에 하늘이 열리며 눅 3:21

이후 예수님은 3년 동안 기도하시면서 엄청나게 큰일을 하셨다. 많은 이적을 행하셨고, 사람들을 섬기셨다. 각색 병자들을 고쳐 주심, 죽은 자를 살리심, 제자 양육 등으로 3년의 삶은 분주했다. 모두 타인을 위한 삶이었다.

그처럼 위대하신 분이 지금은 십자가에 달려 계신다. 그분은 더는 아무것도 할 수 없으셨다. 주님의 손은 병자들을 위해 일할 수 없었다. 손이 못에 박혔다. 주님의 발은 불쌍한 자들을 찾아 나설 수가 없었다. 두 발이 못에 박혀 있다. 주님은 더는 제자들을 가르치실 수 없었다. 제자들은 모두 도망가 버렸다. 이적도 행하실 수 없었다. 아무것도 하실 수 없는 형편이었다. 죽음을 기다리는 신세가 되신 것이다. 모든 것이 끝난 것일까? 십자가 위에서 죽음만을 기다리는 초조한 심정이셨을까?

우리도 아무것도 할 수 없을 때가 온다. 노쇠하고 병들고 빈 들과 같은 상황이 되었을 때 우리는 쓸모없는 인간이 되었다고 탄식한다. 그때 우리는 은퇴한 노인으로 남은 인생을 쓸쓸하게 보내야 할까? 젊은 날의 신앙 열기를 노인정의 화투장으로 이동시키고 말 것인가?

조지 뮬러(George Muller)는 "늙어 갈수록 기도를 더 많이 하라. 그러해야 신령한 일에 냉랭해지지 않는다"라고 말했다. 또한 E. M. 바운즈(Edward M. Bounds)는 "기도는 우리가 할 수 있는 일 중 가장 위대한 일이다"라고 말했다.

'기도의 성자'라고 불리는 바운즈는 그에 걸맞게 매일 새벽 4시에 일어나 3시간씩 기도하고 하루를 시작했다. 간절한 기도 없이는 어떠한 설교도 하지 않았다. 생애 마지막 10년 동안은 몇 차례의 집회만 수락했다. 전국적으로 유명한 그에게 설교 요청을 거절하기란 쉬운 일이 아니었다. 그의 설교를 듣고 싶어 하는 회중이 많았기 때문이다. 그럼에도 그가 집회 요청을 번번이 거절한 까닭은 하나님이 그를 매일의 기도로 부르고 계심을 느꼈기 때문이다. 그는 밀려오는 자유주의 신학과 세속주의에 대항해 기도 사역으로, 붓으로 싸우면서 정통 신학을 사수했다. 그에게 기도는 어떤 사역보다도 강했고, 마지막까지 남은 사역이기도 했다.

얼마 전에 아버지를 여읜 청년이 있었다. 그의 아버지는 때때로 밤늦게까지 서재에 있곤 했는데 그 시간에는 누구의 출입도 금지시켰다. 유품을 정리하던 아들은 아버지의 노트 한 권을 발견했다. 노트에는 어머니와 다른 가족들의 이름들이 보였다. 전혀 알지 못하는 이름도 많았다. 아들은 어머니에게 노트를 보이며 "어머니, 이 노트 아세요?"라고 물었다. 어머니가 답했다.

"기도 노트란다. 아버지는 매일 밤 한 사람씩 이름을 짚어 가며 감사의 기도를 올리셨단다."

아들이 "전혀 알지 못하는 이 이름들은 누구신가요?"라고 묻자 어머니가 다시 한 번 말했다.

"아버지에게 상처를 준 사람들이란다. 아버지는 매일 그들을 용서하는 기도를 올리셨지."

아버지는 어디서 이런 용서의 기도를 배웠을까? 어떻게 죽음 직전까지 사역하다 숨을 거둘 수 있었을까? 예수님에게서 배운 용서의 기도다. 죽을 때까지 기도했던 아버지의 기도는 예수님의 기도 사역의 진행형이다.

기도는 계속된다

십자가에서 주님은 더는 아무것도 하실 수 없었을까? 아니다. 우리 주님은 그때도 사역을 계속하셨다. 기도의 사역이다. 주님은 십자가 아래에서 조롱하는 사람들을 위해 기도하셨다. 십자가 옆에서 조롱하는 이들을 위해 기도하셨다. 주님이 십자가 위에서 처음 남기신 말씀은 용서의 기도였다.

● 이에 예수께서 이르시되 아버지 저들을 사하여 주옵소서 눅 23:34

십자가에 매달려 계시고 지금도 모욕을 당하시는 상황에서 도무지 일어날 수 없는 일이 벌어졌다. 자신을 저주하고 모욕하는 자들을 위한 용서의 기도, 무고하게 괴롭히는 자들을 위한 용서의 기도는 예수님의 생애가 어떠했는지를 말해 주며, 아울러 우리도 어떻게 살아야 하는가를 보여 준다.

예수님의 용서의 기도가 왜 어려운가? 입술이 마르고 체력이 소비되었다. 인생을 역전시킬 모든 희망도 사라졌다. 사람이 체력이 소진되거나 희망을 포기해 버리면 기도도 놓아 버리게 된다. 그래서 기도생활에는 체력도 중요하고, 끝까지 포기하지 않는 긍정적인 마음도 중요하다.

예수님은 기도의 모범자이시다. 예수님은 기도하신 대로 사셨기에 더 모본이시다. 예수님은 주기도문에서 "우리가 우리에게 죄지은 자를 사하여 준 것같이 우리 죄를 사하여 주시옵고"(마 6:12)라고 기도하라고 하셨다. 우리가 먼저 용서를 위해 기도하라는 것이다.

이처럼 기도는 우리 생애에서 마지막까지 가는 사역이다. 나이가 많은 성도들은 "저는 교회에서 아무것도 할 수 없는 사람입니다"라고 말하며 미안해한다. 그렇지 않다. 우리는 나이와 관계없이 입술을 열어 기도할 수 있다. 체력과 상관없이 교회를 위해, 설교자를 위해 기도함으로 목회에 동역할 수 있다.

영국의 대설교자 찰스 스펄전(Charles H. Spurgeon) 목사는 노부인의 장례식에서 그녀가 가장 훌륭한 동역자였다고 소개했다. 그분은 새 신자가 오면 명단을 적고 집으로 돌아가 계속 기도만 했다. 그러면 새 신자들이 교회에 잘 적응하고 믿음이 성장했다. 훌륭한 기도의 동역자였다.

우리가 고령으로, 중병으로 침상에 누워 아무것도 할 수 없을 때 주님의 기도를 생각하자. 기도는 그 어떤 것보다 위대한 사역이다. 기도를 포기하지 않는다면, 아무것도 할 수 없는 그때 하나님의 역사가 일어난다.

비신자 가정에서 목회하는 필자의 경우에는 기도해 주시는 성도들이 참으로 고맙다. 가족 중에 배후의 기도를 해 주는 이들이 많지 않기 때문이다. 그렇기에 우리 교회에서 기도하는 성도님들은 목회의 훌륭한 동역자들이시다.

용서 사역은 계속된다

예수님은 기도하셔야 할 사항이 많았다. 제자들을 위해 기도하셔야 했다. 하나님이 도와주시라고 자신의 문제를 놓고 기도하실 수 있었다. 그런 상황에서 주님은 남을 위한 기도를 드리셨다. 그것도 용서를 위한 기도였다.

예수님이 용서해 주셔야 할 대상은 누구였을까? 사방이 모두 대상이었다. 멀리서 따라온 갈릴리 여인들 외에는 모두가 원수였고, 원수처럼 처신했다. 바리새파, 사두개파, 로마 군병, 지나가는 행인들, 좌우에 달린 죄수들, 심지어는 제자들까지 주님을 부인하고 배신하고 흩어졌다. 다 미운 사람들이었다. 그러나 예수님은 용서의 기도를 하셨다. 그들의 무지를 이해하셨다. 몰라서 그렇다는 것이다.

십자가에서 드려진 용서의 기도의 위력은 굉장했다. 십자가의 기도를 통해 직방으로 한 강도가 회개했다(눅 23:42). 로마 군대 백부장이 주님께로 돌아섰다(눅 23:47). 제자들이 돌아왔다. 베드로의 설교를 통해 수천 명씩 주님께로 돌아섰다. 모두 용서의 기도가 이루어 낸 위대한 열매다. 이와 같은 효과적인 구원은 예수님의 청원 기도가 있었기에 가능했다.

교회에서 우리가 인간적인 권세와 힘을 사용하지 못하도록 하는 것은 사랑과 용서의 힘이다. 용서와 사랑의 힘 대신에 자기의 힘을 마음껏 발산하는 사람들이 있다. 그들에게는 감화력이라는 것이 없다.

힘의 용사 삼손은 죽음의 순간에 그 힘을 원수 갚는 데 사용했다. 당시 상황에서는 필요한 일이었다. 하지만 그는 '용사'는 되었지만 '성자'는 되지 못했다. 그러나 주님은 위대한 힘을 원수들의 죄 사함을 위하여 기도하심으로 보여 주셨다. 미움과 증오심을 품고 있으면 아무 일도 못한다. 그리스도인의 진정한 힘은 바로 용서에 있다.

레오나르도 다빈치(Leonardo da Vinci)는 "최후의 만찬"을 그리기 전 친구와 크게 싸웠다. 그는 화가 난 나머지 가룟 유다의 얼굴에 친구의 얼굴을 그렸다. 원수 같은 친구의 얼굴이 유다와 더불어 대대에 전해지게 하려는 흉계였다. 그 후 예수님의 얼굴을 그리려는

데 며칠을 애써도 떠오르지가 않았다. 오직 그 친구의 얼굴만 떠올랐다. 다빈치는 결국 실패의 원인을 찾아냈다. 그는 즉시 친구의 얼굴인 유다의 얼굴을 지우고 친구를 찾아가 용서를 구했다. 그러자 그의 머릿속에 예수님의 얼굴이 뚜렷이 떠올랐다. "최후의 만찬"은 용서가 만들어 낸 걸작품이다.

십자가 위에서 남기신 예수님의 용서의 기도를 대할 때 용서해 주지 못할 사람, 용서해 주지 못할 죄는 없다는 사실을 배운다. 그러나 우리는 용서하는 일이 쉽지 않다. 그렇기에 주님의 마음을 달라고 기도해야 한다. 지금은 용서의 기도 사역이 필요한 시대다. 예수님의 용서 기도로 바로 우리가 여기 있기 때문이다. 용서를 위한 기도는 모든 기도보다 세다! 그런데 그 힘센 기도가 사장(死藏)되고 있다.

24장

능력을 행하는 방이 되어야 한다:
초대 교회의 다락방 기도(행 1:12-16)

대한민국은 바야흐로 '방'(房)의 나라다. 관심을 두고 방을 찾아보면 너무 많은 방에 깜짝 놀랄 것이다. 공부방, 빨래방, 찜질방, PC방, 노래방, 게임방, 다방, 전화방, 비디오방 등 사방을 돌아보면 의외로 방들이 많다. 이것이 우리의 DNA인지, 한국 교회 역시 세계 어느 교회보다 기도방이 많았다. 한국 교회는 기도로 부흥된 기독교라 해도 과언이 아니다. 그만큼 기도에 열심을 다했다. 새벽기도회, 철야 기도회도 한국 교회에만 있는 특별한 기도 모임이다. 이런 기도로 한국 교회는 단시간에 부흥했다.

기도의 다락방에서 기도의 불이 계속 타오르면 계속 부흥하는 것이고, 기도방의 열기가 식고 기도의 불길이 꺼지면 교회는 타락하고 약화된다. 지금 한국 교회는 기도방마다 문을 닫고 기도하는 사람들이 텅텅 비어 걱정될 만한 상황이다.

본문에 근사한 방이 나온다. 마가의 다락방이다. 마가의 다락방은 기도하기 위해 모인 기도자들의 방이다. 돈 내고 실컷 노래하다 오는 방이 아니라, 누구든지 들어가서 열심히 부르짖고, 은혜를 체험하고, 새로운 기분으로 주님께 헌신하는 기도 공동체가 마가의 다락방이다.

마가의 다락방, 기도의 방이 되다

마가의 다락방에 120여 명이 모였다. 그들은 여러 나라에서 왔다. 사상과 이념이 달랐다. 피부 색깔도 달랐다. 제자들 간에도 성격이 다 달랐고, 그들 사이에는 갈등과 긴장이 존재하고 있었다. 그러나 기도방에서 열심히 기도하는 가운데 그들은 하나가 되었다. 기도 제목이 하나였기 때문이다.

● 사도와 함께 모이사 그들에게 분부하여 이르시되 예루살렘을 떠나지 말고 내게서 들은 바 아버지께서 약속하신 것을 기다리라 요한은 물로 세례를 베풀었으나 너희는 몇 날이 못 되어 성령으로 세례를 받으리라 하셨느니라 행 1:4-5

교회는 성령 강림을 갈망하는 기도에서 출발했다. 성령 강림을 위한 기도는 예수님이 명하신 바이고, 성령이 교회를 이루어 가시는 절대적인 요소가 된다. 예수님은 성령의 강림과 사역에 관해 이렇게 말씀하셨다.

● 내가 떠나가는 것이 너희에게 유익이라 내가 떠나가지 아니하면 보혜사

> 가 너희에게로 오시지 아니할 것이요 가면 내가 그를 너희에게로 보내리니 그가 와서 죄에 대하여, 의에 대하여, 심판에 대하여 세상을 책망하시리라 요 16:7-8

성령이 하시는 3가지 일은 죄, 의, 심판에 대하여 세상을 책망하시는 일이다. 먼저, 죄에 대한 책망은 예수님을 구세주로 받아들이지 않고 배척한 사실에 대해서다. 또한 의에 대한 책망은 독생자를 영접하지 않은 죄를 의에 근거해 심판하는 것이다. 아울러 심판에 대해서는 세상 임금, 사탄의 세력(요 12:31, 14:30)을 예수님이 심판하신다는 것이다(요 16:9-11).

성령이 이 모든 일을 하신다. 성령이 강림하셔서 교회를 세우시고, 교회는 세상에 예수 그리스도의 복음을 전하는 사역을 이어 갈 것이다. 성령이 없으면 사람들은 아무것도 할 수 없다. 이런 사실을 예수님에게서 들었기에 120여 명이 다락방에 모여 성령 강림이라는 한 가지 제목으로 한마음으로 간절히 기도한 것이다(요 16:14).

교회 공동체는 그 특성상 혼자서는 아무 일도 할 수가 없다. 기도방에서 함께 기도할 때 모든 불일치는 일치로 나갈 수 있고, 갈등과 차이점은 극복될 수 있다. 교회생활에서 일치되지 않는 문제가 있으면 기도의 방으로 나가야 한다. 기도방에서 일념으로 기도하면 고집과 자아가 깨지고 하나로 거듭날 수 있다. 하나 되지 못하게 하는 모든 기도회는 중단되어야 하고, 고립적인 기도생활은 과감히 버려야 한다.

미국의 석유 사업가 존 데이비슨 록펠러(John Davison Rockefeller)는 아무리 유능한 사람이라도 타인과 사이좋게 지내지 못하면 채용하지 않았다. 정확한 판단이다. 함께하지 않는 곳에서는 역사가 일어나지 않는다. 주님은 두세 사람이 모이는 곳에 함께하겠다(마 18:20) 하시지 않았던가.

신령한 언어가 나오다

예수님의 어머니를 비롯한 120여 명이 모여 열심히 기도하던 다락방에 성령이 강림하셨고, 특별한 현상들이 눈앞에 펼쳐졌다.

● 홀연히 하늘로부터 급하고 강한 바람 같은 소리가 있어 그들이 앉은 온 집에 가득하며 마치 불의 혀처럼 갈라지는 것들이 그들에게 보여 각 사람 위에 하나씩 임하여 있더니 그들이 다 성령의 충만함을 받고 성령이 말하게 하심을 따라 다른 언어들로 말하기를 시작하니라 **행 2:2-4**

성령이 임하셨고, 기도하던 사람들에게서 방언이 터졌다. 방언은 신비한 언어다. 하나님이 특수 목적을 띠셨거나 개인의 깊은 기도생활을 위해 주시는 은사다. 누구나 꼭 받아야 하는 필수 과목이 아니라 선별 과목이다. 하나님이 필요한 사람에게 은사로 주시기 때문이다.

제자 중에 일부는 신령한 언어를 통해 외국어를 능수능란하게 구사했다. 여러 나라에서 온 사람들이 동시통역과 같은 방언으로 복음을 들었다. 자기 나라 말로 복음을 들은 것이다(행 2:8). 그것은 아름다운 소리이면서 능력 있는 언어였다. 마가의 다락방에서 나온 언어들은 복음을 알리기 위한 것들이었다. 복음은 회개와 긍휼과 속죄와 용서로 이루어진다.

한때는 영적 수준을 과시하려는 이상한 방언들이 난무했기에 방언의 아름다움 대신, '방언하는 사람들은 약간 이상한 사람들'이라는 오해를 받았다. 자칫 방언 기도는 기도를 훼방하고 기도를 하지 않게 만들 수 있다. 의미도 없는 같은 말을 반복함으로 현실 도피로 향하게도 한다. 하지만 성령 강림 당시의 방언은 참으로 신기하고 아름다운 역사를 이루어 가는 신령한 언어였다.

오늘의 교회는 언어의 능력을 잃었다. 우리는 아름다운 언어를 은사로 받아야 한다. 따뜻하고 경건한 은사, 다정하고 남을 배려하는 은사, 공격 언어보다는 감싸 주는 언어, 부정 언어보다는 긍정 언어를 받아야 한다. 기도방에서 받을 수 있다. 이것이 진정한 기도 응답이고 생활 기도다.

능력을 체험하다

마가의 다락방에서 기도하던 사람들은 능력을 얻었다. 그 능력은 담대함으로 나타났다. 무서움이 사라졌고, '죽기 살기'라는 일사각오의 담대함이 생겼다(행 4장).

● 주여 이제도 그들의 위협함을 굽어보시옵고 또 종들로 하여금 담대히 하나님의 말씀을 전하게 하여 주시오며 손을 내밀어 병을 낫게 하시옵고 표적과 기사가 거룩한 종 예수의 이름으로 이루어지게 하옵소서 하더라 빌기를 다하매 모인 곳이 진동하더니 무리가 다 성령이 충만하여 담대히 하나님의 말씀을 전하니라 **행 4:29-31**

목숨을 내던지는 용기, 죽음을 두려워하지 않는 용기처럼 강한 용기가 어디 있을까. 케냐의 곽희문 선교사는 《내 이름은 그리스도인입니다》(아가페북스, 2017)에서 "예수를 전하는데 목숨을 내놔야 한다면 그렇게 하는 것이 마땅하다. 전할 입과 말씀, 기꺼이 죽을 믿음만 있으면 된다"라고 말한다. 죽음을 불사하는 능력은 이적의 역사로 나타났다.

베드로와 요한은 나면서 걷지 못하는 자를 고쳤다. 수많은 이적이 계속 일어났다(행 5장). 갈릴리에서 고깃배의 노나 젓고 그물이나 던지던 손이다. 비린내 나던 손으로 사람들을 만졌는데 병 고침의 역사들이 일어났다(행 5:12). 기도방에서 얻은 능력의 결과다. 이런 능력이 나타나면서 마가의 다락방에 모인 사람들은 하나님의 왕국, 그리스도의 왕국을 바라보는 비전을 품게 되었다. 예루살렘 마가의 다락방에서 일어난 하나님의 역사가 전 세계에 충만할 것이며 세계를 구원하는 위대한 첫 발걸음임을 알게 되었다. 그들은 세계에 그 위대한 하나님의 역사를 전하는 비전을 받았다. 그리고 그 비전은 이루어졌다. 마가의 기도 다락방에서 이루어진 위업이다.

세속적인 방은 잠시는 즐거울지 몰라도, 오히려 꿈을 뭉개고 도피 인생으로 만들 수 있다. 반면, 기도방은 사라졌던 꿈들을 회복시킨다. 비전의 사람들로 거듭나게 한다. 하나님을 바라보고 하나님의 약속을 붙잡는 사람들이 되게 만든다.

책방은 책을 파는 집, 빵집은 빵을 파는 집, 찜질방은 찜질하는 방이다. 책방에서 잡담만 하면 되겠는가. 빵집에서 빵을 사지 않고 놀기만 하면 되겠는가. 찜질방에서 싸움이나 하면 되겠는가. 마찬가지로 교회는 기도방이기에 기도하지 않으면 교회에 나갈 이유가 없다. 직분을 받았다는 것은 그만큼 기도의 크기가 커야 한다는 뜻이다.

교회를 활활 타오르는 기도의 방, 권세 있는 언어들이 선포되는 기도의 방, 능력이 나타나는 기도의 방으로 만들어야 한다. 그러려면 각자가 불타는 장작개비가 되지 않으면 안 된다. 주님은 "내 집은 기도하는 집"(마 21:13)이라고 말씀하셨다. 성전은 기도를 통해 하나님과 교통을 나누기 위해 세워진 곳이다. 그렇기에 하나님이 주도하지 않으시는 성전은 거룩한 성전이 아니라, 그냥 종교 집회가 열리는 장소와 건물에 불과하다.

오늘날 세속방이 되어 버린 교회는 뭇매를 맞고 있다. 기도방이 점점 사라지고 기도하는 소리가 작아졌기에 교회가 힘을 잃고 삼손처럼 어릿광대가 되어 버리고 만 것이다. 마스크로 입을 가리게 만든 코로나19가 더욱 그리 만들었다.

이제 기도방으로 가야 한다! 그래서 기도를 통해 능력을 얻고, 비전을 세우고, 거듭난 생명으로 살아야 한다. 그러면 어느 교회에서든 누구에게서든 센 기도가 나오고 센 교회, 센 신자로 살 수 있다. 우리는 센 기도를 하는 강력한 신자로 부르심을 받았다. 기도방이 우리의 기도를 센 기도로 만들어 낼 것이다. 그런데 지금 기도방에 불이 꺼져 가고 있다.

25장

차마 입 밖으로 꺼내 놓을 수 없을 정도로 간절하다:

여인의 무음 기도(막 5:25-34)

한국인의 기도관은 샤머니즘에 뿌리가 있다. 큰 소리가 나고, 긴 시간 기도하고, 울고불고 요란해야 '하늘님'이 들으시는 줄 안다. 한국인의 또 하나의 기도관은 유교 기도관이다. 점잔을 떨면서 묵상하듯 기도하는 것이다. 그 기도에는 별 내용이 없다.

그에 비해 성경적 기도관은 무엇인가? 대상은 하나님, 장소는 은밀하게, 자세와 내용은 남에게 들으라는 식이 아니라 하나님을 상대로 내면의 모든 것을 쏟아 놓듯 대화하되, 소리는 크든 작든 무관하다. 그렇기에 그리스도인들의 기도는 어느 한 방식만 옳다고 주장할 수 없고, 또 너무 자기 성격이나 성향에 맞는 기도가 체질화되어서는 안 된다. 강함과 부드러움이 섞여야 하듯이 목소리가 큰 기도, 목소리가 없는 기도, 감정적인 기도, 지적인 기도 등이

서로 어우러져야 한다.

공산 사회의 감시를 피해야 하는 북한 지하 교회 교인들은 무음 기도, 무음 찬송, 일명 '금붕어 기도' '금붕어 찬송'을 한다는 말을 들었다. 밖으로 소리가 나갈까 봐 입만 벙긋벙긋한다는 것이다. 상상만으로도 눈물이 나는 광경이다. 코로나 시대의 한국에서도 이런 일이 벌어지고 있다. 장례식장에서 우리는 무음으로 입만 벙긋하는 찬송을 했다. 기가 막힌 일이 아닐 수 없다.

이제 우리는 큰 소리 기도만 들으시는 하나님이 아니라, 간절함이 배어 있는 마음속의 읊조림도 들으시는 하나님을 알고 기도해야 한다. 이렇게 자유로운 대한민국에 살면서 기도하지 않는 것은 바른 신앙생활이 아니다.

아무 말도 하기 싫다

본문에 등장하는 여인은 모든 관계 단절로 괴로움을 당하는 상황에 놓여 있었다. 몹쓸 병인 혈루증에 걸려 12년을 강제적인 관계 단절 상태에서 힘들게 살았다. 혈루증이란 여성의 생식기 계통에 이상이 있어 불규칙적으로 피가 흐르는 만성하혈증(下血症)이다. 보통 여인은 월경 때만 피가 나오는데, 이 병은 월경과 무관하게 불규칙하게 출혈된다. 이 병에는 기능성 자궁 출혈과 기질적 자궁 출혈(염증, 패혈증, 종양, 백혈병 등에 의한 병) 등이 있다.

구약 성경 레위기에서 혈루증은 부정한 병으로, 혈루증에 걸린 사람이 만지는 것은 모두 부정한 것으로 여겼다. 유대인들은 의식적인 정결을 중시했기에 정상적인 월경도 부정한 것으로 취급했다. 유대인에게 피는 생명을 상징하는 생혈(生血)이다. 하혈은 죽은 피, 사혈(死血)이다. 그래서 사혈하는 이들은 부정한 죄인 취급을 당했고, 당사자는 사람들과 일정한 '사회적 거리 두기'를 유지해야 했다. 이처럼 병이 고약하다 보니 여인은 점점 관계가 단절되었고 고독한 가운데 말을 잃어 갔다.

하나님과의 관계는 어떠했는가? 그녀는 그녀의 병으로 인해 성전 출입을 금지당했다.

● 너희는 이와 같이 이스라엘 자손이 그들의 부정에서 떠나게 하여 그들 가운데에 있는 내 성막을 그들이 더럽히고 그들이 부정한 중에서 죽지 않도록 할지니라 레 15:31

힘들고 어려울 때 견디는 힘을 얻기 위해 하나님을 찾았는데, 정작 하나님은 병든 사람을 율법으로 부정하다고 정죄하고는 내쳐 버리셨다. 얼마나 야속한 하나님이신가. 그러니 하나님과의 관계가 좋을 리 없었다.

의사와의 관계는 어떠했는가? 환자들에게 의사는 가장 친밀하고 신뢰가 있어야 한다. 의사가 아니면 누구에게 기대겠는가. 그러나 여인은 의사와의 관계가 좋지 않았다. 여인은 12년을 앓았다. 치유될 수 없는 불치의 병임을 암시한다. 그동안 의사들에게 많은 괴로움을 받았고 재물도 다 허비했다고 성경은 이야기한다(마 5:26).

고대 시대에 의사는 환영받는 직업은 아니었다. 구전된 유대인들의 율법을 문서화한《미쉬나》에는 이런 기록이 있다.

"의사들 가운데 최고의 사람들은 게한나에 있다. 왜냐하면 아주 특별한 사람인 척하면서 계속해서 돈을 잡아먹는 사람들이기 때문이다."

당시 의사들은 알 수 없는 이유들을 붙여서 돈을 갈취했기에 강도의 직업으로 보았던 것이다. 여기서 의사들은 대부분 민간 요법으로 치료하는 민간 치료사였다. 손으로 직접 만지면서 치료하거나 약초를 발랐다. 그러니 의사나 의원마다 치료법이 달랐다. 그때마다 여인은 육체적, 정신적으로 망가진 것이다. 치료사와의 관계가 좋았을 리 없다.

사람들과의 관계도 마찬가지였다. 유대 율법은 부정한 자와 직접 접촉은 물론, 부정한 자가 만졌던 물건, 장소에 접촉해도 같이 부정하게 되었다. 그러면 성전 출입과 사회 활동에 제약을 당했다. 그러니 가족들과도 친밀한 관계를 유지하지 못했다.

● 어떤 여인이 유출을 하되 그의 몸에 그의 유출이 피이면 이레 동안 불결하니 그를 만지는 자마다 저녁까지 부정할 것이요 **레 15:19**

부정한 여인이 보이면 알아서 먼저 피하든지, 돌을 던지며 멀리 가라고 쫓아냈다. 접촉만 아니라 몇 미터 안에만 있어도 부정하다고 했고, 바람결에 피 냄새만 맡아도 스스로 부정으로 간주했다. 그러면 복잡한 정결 절차를 밟아야 했다. 제물을 준비하고 예루살렘 성전까지 가야 했다. 시간 낭비, 돈 낭비 등 고생이 이만저만이 아니었다. 그러니 부정한 자들을 보면 자기 반경에 들어오지 못하게 쫓아냈다. 자신을 지켜 내려면 어쩔 수가 없었다.

유대 율법이 병자들에게 냉정한 잣대를 들이댄 까닭은 무엇일까? 죄가 얼마나 무서운가를 보여 줌으로써 육체적으로, 사회적으로, 병리적으로 건강하게 하기 위함이었다. 이는 유대인들을 거룩한 집단, 성결한 공동체로 만들어 주었다.

그러나 병자인 여인은 이렇게 하나님, 의사, 남편과 자녀들을 포함한 가족과 이웃 관계 등 힘을 얻어야 할 모든 관계에서 파탄이 났다. 그러니 살았다고 할 수 없는 12년 지옥 생활을 살았다. 당연히 대인기피증이 생겼을 것이다. 그녀의 인간관계는 부정적이었고, 그만큼 불행하게 사는 하루하루였다.

쇠렌 키르케고르는 "행복의 90퍼센트는 인간관계에 달려 있다"라고 말했다. 여인은 처음부터 관계 트라우마, 관계 부적응, 관계 귀차니즘을 앓은 것이 아니다. 본인의 의사와는 관계없이 부정하게 여기는 병에 걸려 관계가 단절되고 삶의 기쁨을 잃어버렸다. 여인으로서는 수치스럽고 죽고 싶을 만큼 자존심이 상하는 병이다. 남자들이 비뇨기과 관련 질병에 걸렸다고 생각하면 비슷하다. 피가 마르고 삶이 말라 가는 나날이 될 수밖에 없었다. 우리 역시도 관계가 엉망이 되어 버리면 삶의 풍성함이 훼방받게 된다(시 133:1).

주님께는 말할 수 있다

외로운 12년, 사방팔방 관계가 단절되었던 여인이 예수님의 소문을 들었다. 능력자시라는 소문이었다. 다른 의사와는 다르셨다. 치료의 괴로움을 주지도, 돈도 받지 않으셨다. 여인은 소문에 힘을 얻었다. 예수님께 치료하는 능력만 있을 뿐 사랑과 긍휼이 없었다면 감히 찾아 나설 생각을 못했을 것이다.

여인은 신분과 병을 숨겼다. 정체가 드러나면 예수님께 접근도 못하고, 제자들에게 제지당하고, 사람들이 돌을 던지며 꺼지라고 소리치는 위협을 가해 올 것이었다. 부정한 여인의 신분으로 유대인을, 남자 성인을, 공개적인 장소에서 접촉한다는 것은 돌에 맞아 죽어도 어디 가서 하소연도 못할 일이었다.

그럼에도 예수님께 나아간 용기의 출처는 소문으로 들은 예수님의 자비와 긍휼과 사랑이었다. 그분은 죄인들, 부정한 자들과 함께 지내면서 필요를 채워 주신다는 것이다. 세리와 창기들과 함께하면서 어울리신다는 것이다. 그들의 접촉에도 하등의 분노와 거절이 없으시다는 것이다. 예수님에 대한 긍정적인 정보가 여인으로 하여금 망가진 관계 개선을 위해 용기를 내게 했다.

● 그의 옷에 손을 대니 … 막 5:27

유대의 경건한 남자들은 옷단에 율법의 항목을 상징하는 613가닥의 실 꾸러미들을 달고 다닌다. 옷단의 술은 하나님과의 바른 관계를 나타내고 당사자의 권위를 상징한다. 이런 권위는 남들이 함부로 만져서도, 훔쳐서도 안 된다는 의미였다. 누가 이런 종교적 규범을 어기고 옷단 술에 함부로 접촉했다면 옷단 술의 주인의 권위를 손상했다는 이유로 처벌을 받았다. 그럼에도 여인은 모든 것을 알면서도 예수님의 옷에 손을 대는 모험을 했다.

왜 그랬을까? 유대 문헌에는 "온전하지 못한 사람이 온전한 사람의 옷단에 손을 대면 온전해진다"라는 말이 등장한다. 여인은 히브리인의 믿음에 근거하여 옷단 술을 만지는 모험을 택한 것이다.

그러자 거짓말처럼 혈루 근원이 말라 버렸다. 여인은 병이 나은 줄을 깨달았다. 그 감격에 예수님께 감사 표시나 통곡이라도 하고 싶었지만, 신분이 드러나면 돌 타작을 맞게 된다. 그것은 예수님께도 민폐가 되었다. 적당히 예수님과의 인연을 정리하고 떠나가야 했다. 여인이 발길을 돌리는데 예수님이 물으셨다.

● 누가 내 옷에 손을 대었느냐 막 5:30

예수님의 말씀에서 여인의 간절한 무음 기도를 듣는다. 옷가에 손을 대며 여인은 결사적으로 부르짖었다. 야곱이 얍복강에서 무언의 씨름 기도를 했듯이, 여인도 무음 기도를 드렸다. 여인은 속으로 무엇이라 부르짖었을까?

예수님이 하신 말씀은 "누가 내 능력을 훔쳐 갔느냐?" "누가 내 능력을 빼앗고 있느냐?" "누가 내 능력을 빨아 먹고 있느냐?" "누가 밧줄로 꽁꽁 묶어 나를 가지 못하게 하느냐? 놓아라!" 등 여러 의미를 지닌다.

이젠 말할 수 있다

예수님은 혈루증을 고친 여인이 사적인 익명의 장소에서 나와 공적인 고백을 하기를 기대하셨다. 그래야 예수님과 상생의 관계를 맺게 된다. 여인은 자신의 신분과 형편을 고백했다. 여기에서 진정한 믿음이 시작되고 새로운 인연이 맺어진다.

만약 예수님의 능력만 받고 돌아갔다면 병은 고침을 받았지만 진정한 샬롬(평안)은 오지 않았을 것이다. 병 고침을 받았다고 해서 행복한 관계 회복의 삶을 보장받는 것은 아니다. 그녀는 익명의 자리에서 자기 이름을 걸고 자신의 모습을 보였다.

● 여자가 자기에게 이루어진 일을 알고 두려워하여 떨며 와서 그 앞에 엎드려 모든 사실을 여쭈니 **막 5:33**

여인은 자기 신분과 형편을 고백했다. 익명의 자리에서 나와 지난날의 망가진 관계망을 호소했다.

그러자 예수님이 뭐라고 하셨는가? "너 때문에 나도 부정해졌다. 어찌 감히 부정한 몸으로 나를 만졌느냐. 왜 내 능력을 훔쳤느냐!" 하며 야단치지 않으셨다. 오히려 여인을 향해 "딸아"라고 부르셨다. 여인을 처벌할 이유들이 있었지만 딸이라 부르셨다.

딸은 가족 관계, 즉 1촌이다. 가족 관계는 힘들고 어려울 때 힘이 되고, 보살피고, 품어 주어야 한다. 예수님의 말씀은 "누가 뭐래도 너를 딸로 품겠다. 율법이 뭐라고 해도 내 가족으로 인정하겠다"라는 의미다. 가족은 처벌의 대상이 아니다. 흉측한 죄를 범해 세상은 처벌할지라도 가족만은 처벌하지 않고 따뜻하게 품어 준다.

그러면서 예수님은 감동적인 선언을 하셨다.

● 네 믿음이 너를 구원하였으니 평안히 가라 네 병에서 놓여 건강할지어다 **막 5:34**

12년의 어두움을 버리고 "평화를 향하여 가라", 수치와 슬픔을 버리고 "평화의 상태를 지니고 가라"는 선언이다. 예수님은 영원히 지워지지 않는 평화의 은총을 선물하셨다. 이 평안이야말로 히브리인들이 오매불망 그리던 샬롬(평안)이다.

여인은 예수님의 말씀을 듣고 새 길, 샬롬의 길로 나아갔다. 만나는 사람에게 샬롬을 외쳤다. 드디어 여인은 입을 열고 외치기 시작했다. 무음 기도가 만들어 낸 샬롬의 외침이다.

먼저, 하나님과 샬롬의 길이다. 하나님은 더 이상 그녀에게 정죄와 심판의 하나님이 아니셨다. 그녀의 아버지시요, 그녀는 딸이 되었다. 사랑스러운 부녀지간, 즉 1촌이다. 샬롬이 이루어진 것이다.

또한 사람들과도 샬롬의 관계다. 사람들이 그녀를 경시하고 내쫓은 것은 자신들을 부정에서 지켜 내기 위한 고육지책이었다. 여인은 그들의 고통을 이해했다. 모두에 대해 이해 지수가 높으니 샬롬이다.

아울러 자신과도 샬롬이다. 누가 뭐래도 이제는 하나님의 딸이다. 죄인 의식을 버리고 하나님의 딸이라는 신분 의식으로 바뀌었다. 신분 지수가 달라지니 샬롬이다. 예수님이 주신 선물이다. 예수님을 믿고 어떻게 달라져야 하는가를 보여 주는 멋진 행진이다. 그것은 신랑과 신부의 결혼 행진보다 더 아름다운 평화로의 행진이다!

유대 역사가 요세푸스는 이 여인이 파네아스 출신 이방인 베로니카라 기록한다. 호리라도 사실 기록이라면 여인은 "평안을 향해 가라"라는 예수님의 말씀에 평화를 찾았다. 진정한 평화는 예수님 자신이셨다.

그래서 그녀는 예수님을 떠나지 못했다. 예수님이 십자가를 지고 골고다 언덕을 비틀거리며 오르실 때 울면서 함께 걸었다. 예수님의 얼굴이 피와 땀으로 범벅이 되자 자신이 쓰고 있던 수건을 내주었고, 예수님이 얼굴을 닦으시자 그 천에 고스란히 얼굴이 남았다고 한다. 이후 그 손수건이 기적을 일으켰다. 손수건을 만지면 병이 고침받았다. 전승이요 신빙성은 없지만, 그래도 본문에 비추어 보면 사실로 믿고 싶은 전승이다. 베로니카 여인이 초대 교회 성도들과 바른 관계를 맺고 행복하게 보람 있게 살다 갔기를 바란다.

오늘도 우리 주변에는 털어놓을 수 없는 문제들을 안고 신음하는 사람들이 있다. 관계 트라우마가 있는 사람들이다. 그들은 두려워서, 수치스러워서 털어 내지 못한다. 작은 신음에도 응답하시는 주님께는 때로는 소리 내어 드리는 나팔 기도보다 무음의 기도가 확성기 기도처럼 크게 들릴 수 있다, 기도를 들으시는 하나님께는 말이다.

이 순간에도 북한 땅 지하 교회 교인들은 무음 기도를 드리고 있다. 주님이 듣고 계시는 무음 기도를 우리도 드려야 한다. 무음 기도는 목소리의 힘은 없지만, 예수님의 능력을 끌어당기는 데는 어느 기도보다도 힘이 세다!

26장

부스러기라도 붙잡는 믿음이 필요하다:

가나안 여인의 간절 기도(마 15:21-28)

하나님의 구속사는 일차적으로 유대인을 중심으로 전개되었다. 유대인은 여호와의 종교, 즉 복음을 통한 인류 구원이라는 하나님의 구원 계획을 온 세상에 유통시키는 민족으로 선택되었다. 제사장 민족이다. 그러나 유대인들은 자신들만이 유일한 하나님의 백성으로 선택되었다는 민족주의에 빠져 버리고 말았다. 그래서 하나님을 독차지, 독점하려 했다.

예수님은 유대인들의 이런 상황을 잘 아셨다. 유대인 중심으로 사역하셨지만 이방인들에게도 늘 관심을 가지셨다. 본문은 하나님의 구원이 유대인을 넘어 온 세상으로 흘러가야 하며, 그렇게 될 것을 예언하고 있다.

가나안 여인의 딸에게 귀신이 들렸다

여인은 가나안의 원주민이다. 여인은 주님께 나아가기에 장애물들이 많았다. 당시의 문화에서, 여성이 먼저 남성에게 다가가 말을 건네는 것은 상스런 행위였다. 혈통과 신분도 장애물이었다.

하나님은 모세에게 가나안 원주민들과의 교류를 금지시키셨다. 일찍부터 우상을 숭배하며 가증스런 문화와 풍습에 젖어 살았기 때문에 출애굽한 이스라엘은 그들을 죽이고 추방해야 했다(출 33:2, 34:11). 이스라엘 군사들은 가나안에 입성하면서 원주민들을 사정없이 몰살했다. 비선민들의 눈에는 엄청난 인권 유린이지만, 선민들로서는 거리낌이 없었다. 유대인들에게는 하나님이 절대 기준이었다.

예수님 당시에도 가나안 원주민들은 멸시의 대상이었다. 그들은 2등급 인간도 되지 못했을뿐더러 짐승보다 못한 존재였다. 가나안 여인은 수로보니게 족속이었다(막 7:26 참조). 수로보니게인은 팔레스타인 북부 수리아에 사는 페니키아 사람(베니게 민족)을 일컫는데, 헬라화된 이방인들은 민족적 우월성에 도취되어 있는 유대인들에게 심한 적대감을 지니고 있었다. 서로 적대적이었다. 그러니 어찌 가나안 여인이 유대 남자에게 간구할 수 있었을까.

여인의 딸은 흉악한 귀신에 들렸다. 마태는 '흉악'이라고 표현하고(마 15:22), 마가는 '더러운' 귀신(막 7:25)이라 했다. 공동번역은 '악령'과 '마귀'로 표현했다. 이 병은 육체적 압박과 두려움을 동반한 심한 정신적 질환으로 보인다.

이것이 여인이 처한 상황이다. 딸은 그냥 아픈 게 아니라 귀신에 들렸다. 귀신에 사로잡히면 도덕적 가치관이 없다. 선악을 구별하는 기준이 없다. 타인을 의식하지도 않는다. 흉악한 귀신은 파괴적이고 공격성을 지닌다. 그래서 여인은 딸을 볼 때마다 마음이 아팠다. 창피한 적도 많았지만, 딸이 불쌍했다. 늘 우는 마음으로 살아왔다. 여기에서 해방될 길은 없는가? 귀신에 들린 흉측한 딸을 사랑스러움을 지닌 여인으로 거듭나게 할 방법은 없는 것일까?

딸을 위해 예수님을 찾아가다

예수님이 여인을 찾아가셨다. 두로와 시돈은 팔레스타인 북쪽 끝에 위치한 지중해 연안 이방인의 도시들이다. 예수님은 아무 계획 없이 시돈에 가신 것이 아니라, 여인을 만날 목적으로 나서신 것이다. 그러나 사람의 눈에는 여인이 예수님을 찾는 모습으로 나타났다.

딸을 고치기 위한 여인의 자세는 기도자들이 하나님 앞에 어떤 모습이어야 하는가를 보여 준다. 여인은 예수님 앞에 나와 발아래 간절히 엎드렸다. 살아갈 날이 창창한 어린 딸(막 7:25)을 두고 있던 여인의 고통은 말로 표현할 수가 없었다. 그렇기에 예수님의 탁월한 신유 은사에 관한 소문을 듣자마자 '곧' 예수님을 찾았다.

여인의 모든 자세에서 간절함을 볼 수 있다. 여인은 엎드려 긍휼을 구했다(마 15:22). 겸손을 보이는 행동이다. 가나안 여인은 간절함을 넘어 애처롭게 보인다. 그러나 예수님은 그 간청에 한 말씀도 대답하지 않으셨다. 여인은 냉대에도 포기하지 않고 뒤따라

가면서 간청했다. 예수님이 묵묵부답이시자 보다 못한 제자들이 "한 말씀을 하시고 여인을 돌려보내시는 것이 어떻겠습니까?" 하고 말을 거들었다. 간청을 들어주든지 거절하든지 하시라고 말이다. 귀찮은 여인을 빨리 쫓아 버리려는 의도에서 나온 말이었다.

가나안 여인은 예수님과 제자들 사이에서 오간 대화를 모두 듣고 크게 실망했을 것이다. 그녀가 상상했던 예수 랍비가 아니셨다. 들은 소문에 의하면, 예수 랍비는 누구도 차별하지 않고 사랑과 친절을 보여 주는 분이셨다. 그러나 지금 그녀 앞에서 묵묵부답인 유대인 랍비는 참 냉정한 분이다. 제자들도 그 무정한 스승의 무정한 제자들로 보였다.

여인은 계속 뒤따라가면서 딸의 병을 고쳐 달라고 애원했다. 수치도, 자존심도, 민족적 거부감도 극복하려는 행위였다. 그녀는 이방인 여성이기 전에 단지 귀신 들린 딸을 둔 어머니였다. 처음부터 신성을 지닌 유대 남자의 환대를 받으리라는 것은 생각하지도 않았다. 유대 남자의 거절로 조롱의 대상이 될 수도 있음을 각오했다. 딸을 위해서는 모든 것을 감수해야만 했다. 다른 방법은 없었다. 여인은 더욱 간절한 어조로 호소했다.

예수님은 그제야 여인을 돌아보시고 찬바람이 쌩하게 도는 말씀을 하셨다.

● 나는 이스라엘 집의 잃어버린 양 외에는 다른 데로 보내심을 받지 아니하였노라 마 15:24

이리도 무정한 말씀을 하실 바에는 차라리 좀 전처럼 침묵하시는 편이 좋았다. 그러나 제자들은 스승의 성정을 알았다. 스승은 그리 야박한 편이 못 되셨다. 분명 숨은 뜻이 있을 것이다. 가나안 여인 역시 포기하지 않고 엎드려 절하면서 끈질기게 간청했다.

"주님, 제발 저를 도와주십시오. 제 딸이 귀신 들려…"

이번에는 매정함을 넘어 끔찍한 말씀이 들려왔다.

● 자녀의 떡을 취하여 개들에게 던짐이 마땅하지 아니하니라 마 15:26

성경에서 '개'(퀴온)는 모두 악한 것을 상징하고 야유하는 비속어다(시 59:6). 이는 여인을 개 취급한 안하무인의 모욕적 발언이었다. 얼마나 자존심이 상하고 감정에 상처를 받을 만한 언사인가.

많은 것을 가진 사람, 아쉬움 없이 사랑하고 사랑을 받으면서 사는 사람은 상처도 덜 받는다. 하지만 상처가 많은 사람은 조금만 할퀴고 지나가도 큰 상처를 받는다. 수로보니게 여인은 상처가 보통 깊은 여인이 아니었다. 딸이 귀신에 들리고 울부짖을 때 어머니는 얼마나 상처를 받았을까. 그래서 예수님을 찾아왔는데 너무 우습게, 무심하게 대하신 것이다.

정서적인 상처가 없는 여인이라면 그만한 말에 상처를 받을 것도 없이 '별 미친 사람 다 보겠네!' 하면서 떠나갈 수 있다. 하지만 여인에게는 상처가 컸기에 더 큰 상처를 받을 수 있었다. 그녀는 '아니, 나를 보고 개라고…?' 하며 앞뒤 생각하지 않고 팔딱 뛰며 흥분할 상황이었지만, 상대방의 의중을 알아냈다. 앞면이 아니라 뒷면, 배후를 본 것이다.

여인은 예수께서 사용하신 '개'를 경멸적 의미의 들개나 사납고

악한 개가 아니라, 집 안에서 기르는 '애완용 강아지'(퀴나리온)로 해석했다. 그래서 애완용 강아지를 부르는 주인의 말투로 받아들였다. 그러니 적대적인 감정이 아니라 더 예수께 안기려 했다. 여인은 말귀를 알아듣는 사람이었다.

"선생님, 옳습니다. 그러나 개들도 제 주인의 상에서 떨어지는 부스러기를 먹나이다."

유대 사회에서는 물이 귀했고 식사를 할 때는 꼭 손을 닦아야 했다. 정통 유대인은 하루 아홉 번이나 손을 씻었다. 때로는 빵으로 손을 닦았다. 그 빵을 던지면 상 아래에 앉았던 개들이 먹었다. 여인은 유대인의 관습을 잘 알고 있었다. 그래서 '내가 어찌 주인과 같은 상에 앉을 수 있겠어? 개들에게 주는 부스러기 능력만 있어도 내 딸은 고침받을 수 있어'라고 생각한 것이다. 여인은 하나님의 부스러기 능력만을 갖고도 딸이 얼마든지 새로운 인생을 시작할 수 있다고 믿었다.

예수님은 여인의 믿음을 크게 칭찬하셨다. 그녀는 스스로를 개로 자처했다. 그 개는 한 번 물면 놓지 않는 불도그(Bulldog)였다.

구할 곳을 정확히 아는 간절한 믿음으로 응답을 받다

예수님은 여인의 대답에 상당히 고무된 반응을 보이셨다.

● 여자여 네 믿음이 크도다 **마 15:28**

이 구절이 헬라어 본문에는 "너로 인하여 내가 커졌다"라는 뜻으로 나온다. 왜 주님이 커지셨을까?

당시 사람들은 예수님의 존재도, 능력도 믿지 않았다. 여인은 예수님을 향하여 "다윗의 자손이여"라고 했다. 다윗의 자손은 유대인들에게는 구세주다. 여인은 예수님을 구세주라 고백한 것이다. 이방인 여인이 얼마나 예수님을 높여 드렸는가. 사람들의 눈에 목수의 아들로 보이는 예수가 다윗의 자손이시라니, 구세주시라니, 여인의 믿음으로 예수님이 얼마나 커지셨는가.

당시 사람들은 예수님의 능력을 제대로 평가해 주지 않았는데, 여인은 딸을 고치는 데 예수님의 부스러기 능력만으로도 충분하다는 믿음을 보였다. 예수님의 능력을 엄청 높게 평가하는 믿음을 보인 것이다. 그 말을 들은 사람들에게는 예수님의 능력이 당연히 클 것이라는 공감이 일어났다. 예수님은 여인의 믿음으로 사람들에게 크게 보이게 되었다고 흡족해하시며 칭찬하셨다. 그녀는 이방인이지만 상대방을 높이는 큰 믿음으로 크게 칭찬을 들었다.

우리의 믿음이 아름다울 때 주님이 커지신다. "예수쟁이가 왜 저래?"라는 말을 들으면 예수님은 함께 낮아지시고 작아지신다. 사람들이 "역시 예수쟁이들은 뭐가 달라!" 할 때, 우리가 믿음의 아름다움을 보일 때 주님은 커지신다.

여인은 어떻게 기도 응답을 받았을까?

첫째, 치유자를 제대로 찾았기 때문이다(마 15:22). '다윗의 자손'은 메시아를 이르는 말이다. 가나안 여인은 예수님을 구세주, 진정한 구원자로 알았다. 그렇기에 그녀는 간절함 이전에 대상을 바로 찾았다. 민족 감정을 초월하시고 이방인까지도 품으시는, 차별이 없으신 예수님, 메시아 예수님을 바로 찾은 것이다. 정성보다 더 중요한 것은 대상이다. 한국인들은 그동안 많은 기도를 올렸지만 대상을 잘못 찾아서 미신이 되고 말았다.

둘째, 간절했기에 응답을 받았다(마 15:22). 가나안 여인은 자기를 불쌍히 여겨 달라고 말했다. 딸이 흉악한 귀신에 들렸다. 딸이라면 아직 미혼이었을 것이다. 귀신에 들린 딸을 둔 어머니로서 불명예스럽고 긴장감을 안고 살아왔으니 딸과 어머니 중에 누가 더 힘들었을까? 당연히 어머니 자신이다. 딸은 귀신 들렸기에 자각이 없다. 속상하고 불쌍하고 서럽고 주변 눈치를 살피는 일은 어머니에게 해당되는 무거운 짐이었다. 딸을 불쌍히 여겨 달라고 말한 것은 사실 자신을 불쌍히 여겨 달라고 한 것이다. 그러니 얼마나 설움이 북받치는 간구요 호소였겠는가.

우리는 대부분 재벌 집안 출신이 아니다. 성공하는 사람, 모든 것을 누리는 행복한 사람이 아닐 수도 있다. 남이 가졌던 기회들을 얻지 못했을 것이다. 그래서 상 밑에 떨어지는 부스러기나 구하는 처지인지도 모른다. 그러나 식탁의 상석에 앉지 못한다며 불평하거나 좌절해서는 안 된다. 부스러기를 붙들어야 한다. 하나님이 부스러기에 은총을 내려 주시기를 간청해야 한다.

가나안 여인처럼 부스러기라도 달라고 애원할 때 "여자여 네 믿음이 크도다 네 소원대로 되리라"(마 15:28)라는 주님의 응답을 들을 수 있다. 부스러기를 붙들고 하는 기도가 응답을 받는 센 믿음이요, 센 기도다. 주님 안에서는 부스러기도 힘이 세다!

27장

인생의 가시를 진주로 만들다:
바울의 가시 기도(고후 12:6-10)

대구제일교회를 시무했던 이상근 목사님은 박윤선 목사님과 함께 한국을 대표하는 성경 주석가다. 성경 필사도 쉬운 일이 아닌데, 성경 66권 1,189장 한 절, 한 절을 주석하기란 보통 실력과 수고가 아니면 불가능하다. 두 분은 세상 즐거움을 포기한 채 성경을 주석했고, 후학들에게 많은 도움을 남겼다.

이상근 목사님은 16세에 발에 고통이 왔다. 대구 달성공원 느티나무 밑에서 40일 동안 작정 기도를 했지만 낫지 않고 더 심해져 3년을 바깥출입을 못했다. 취학 연령에도 학교에 가지 못했다. 어느 날 어머니가 구해 오신 한약을 발에 붙였는데 설상가상 그것이 독이 되어 평생 발 때문에 고통을 받았다. 학교 다니는 것을 포기하고 검정고시로 과정을 마쳤다. 목사님은 보행이 힘들어 집 안에 만 있는 동안 성경을 암송하고 머릿속에 입력시켰다. 이런 고통의 기간에 여러 서적을 탐독하게 되었고, 이는 성경 전권을 주석하는 업적의 원동력이 되었다.

60년 동안 발 때문에 고통을 받다 의사의 권유로 1993년 은퇴 후에 수술을 받았다. 발뒤꿈치에서 길이가 1.5cm 정도인 머리카락 굵기의 철사가 나왔다. 어렸을 때 맨발로 다니다 찔린 철사가 가시가 된 것이다. 얼마나 어이가 없고 허탈했을까. 목사님은 철사를 손에 들고 이런 간증을 했다.

"이 철사가 가시가 되어 60여 년 나를 찔렀지만 결국 성서학자로 만든 은혜의 도구가 되었다! 그렇기에 하나님의 은혜가 내게 족하다."

가시가 복이 되고 하나님의 은혜가 되었다는 것이다.

누구에게나 가시가 있다. 견디기 힘든 큰 가시, 견딜 만한 작은 가시, 남이 아는 가시, 아무도 모르는 가시가 있다. 낳아 주신 부모도 모르고 자식들도 모르는 가시, 부부 간에도 서로 알지 못하는 숨겨진 가시가 있다. 그럼에도 가시가 없는 척 가면을 쓰고 살 때가 있다. 그 가면이 나쁜 의미는 아니다. 내 가시로 남을 힘들게 할 필요는 없는 것이다. 그러나 가시는 아프다!

가시로 고통받다

사도 바울은 특별한 은혜를 받았지만 가시도 있었다. 동족들이 그를 내친 가시도 있지만, 육체적으로 고통을 주는 가시도 많이 아팠다.

● 내 육체에 가시 곧 사탄의 사자를 주셨으니 고후 12:7

여기서 가시는 말뚝, 뾰족한 창, 쇠꼬챙이, 파편이다. 이상근 목사님은 1.5cm 길이의 가시로도 학교에 못 갈 만큼 고통을 겪었는데 내 몸에 말뚝, 뾰족한 창, 쇠꼬챙이가 박혀 있다고 생각해 보라. 얼마나 아프겠는가. 바울은 그것을 은퇴 이후에라도 수술을 받아 제거한 것이 아니라 평생 간직하고 살았다.

바울을 괴롭혔던 육체의 가시는 무엇이었을까? 존 칼빈(John Calvin)은 "바울 자신이 받았던 영적인 유혹, 즉 의심, 가책, 갈등 같은 것"이라고 말했고, 마르틴 루터는 "바울이 받았던 핍박"이라고 했다. 또한 로마 가톨릭은 "독신 생활에서 자주 일어나는 본능적인 충동"이라 했으며, 교부 터툴리안(Tertullian)은 "이유 없는 두통"이라고 말했다. 이외에도 어눌한 말(고후 11:6), 못생긴 외모 콤플렉스(고후 10:7), 다메섹에서 강한 빛을 쬐고 얻은 안질, 학질, 간질병이라는 해석도 있다.

어느 것도 쉽게 감당할 육체의 고통은 아니다. 이런 육체의 가시는 장기적으로 바울을 괴롭히는 고질병이었다. 그도 인간이다. 아픔을 알고, 상처를 받고, 두려움과 걱정이 있는 보통 사람이다.

가시를 놓고 기도하다

바울은 너무 힘들어 하나님께 가시를 놓고 금식하고 철야하며 간절히 기도했다(고후 12:8). 바울은 많은 기도 응답을 받았고 남의 병도 고쳐 주었다. 능력 주시는 자 안에서 무엇이나 할 수 있다는, 하나님에 대한 확신도 분명했다. 그런 그는 가시가 떠나게 해 달라고 세 번이나 간구했다. 세 번이나 기도했다는 것은 계속적으로 거절 내지는 무응답을 받았다는 것을 전제한다. 바울은 자기 문제를 놓고 간절히 기도했지만, 그때마다 기도의 항아리는 비어 있었다. 우리 같으면 처음의 무응답 기도에는 낙심하고, 두 번째 무응답에는 화가 났을 것이다. 세 번째 기도에 드디어 하나님의 응답이 왔다. 그러나 의외의 응답이었다.

● 나에게 이르시기를 내 은혜가 네게 족하도다 **고후 12:9**

알아들었으니까 그만하라는 의미다. 가시 뽑을 생각은 말고 그냥 간직하고 살라고 하시다니…. 육체적으로 일을 시키셨으면 건강을 주시고, 설교자로 세우셨으면 유창한 언어를 주시고, 학자로 세우셨으면 지식을 주시고, 일을 시키셨으면 삯을 주시는 등 주인으로서 그 정도는 하셔야 하지 않는가. 사역하면서 너무 힘들어 기도할 때 "알았다. 그렇게 해 주마!" 이런 응답이 있어야 의욕이 생기지 않겠는가. 그러나 하나님은 "알았으니 그만해라" 하며 기도를 자르셨다. 바울에게 너무 야박하게 대하셨다.

내게 가시 기도는 무엇일까? 삶에서 자신을 찌르는 가시를 놓고 기도해 본 경험이 누구에게나 있을 것이다. 가시가 뽑히기를 간절히 기도했는데 하나님이 해결은 해 주지 않으시고 "알았으니 그만해라!" 이런 응답을 주셨다면 그때 심정은 어떨까? 화가 나거나 맥이 빠질 것이다. 바울의 심정은 어땠을까?

가시를 은혜로 만들다

바울은 하나님의 거절을 오히려 응답으로 받고 기쁨으로 반응했다(고후 12:9-10). "가시를 견뎌라"라는, 응답이 아닌 거절에 기뻐하고 있는 바울이다. 그가 기뻐할 수 있었던 이유는 무엇인가?

● 이는 내 능력이 약한 데서 온전하여짐이라 **고후 12:9**

약함이 능력의 근원이다. 영적으로는 교만한 사람이 약자이고, 겸손한 사람이 오히려 힘 있는 사람이다. 사람의 약점은 교만을 예방한다.

사도행전이나 서신서를 보면, 바울은 자아가 아주 강한 사람이었다. 십자가에서 거듭났다고는 하지만, 교만의 티가 완벽하게 벗겨지는 것은 아니다. 베드로를 책망했고(갈 2:11), 마가 요한의 실수를 용납하지 못했고(행 15:38), 은인 바나바와는 인정사정없이 결별을 선언했다(행 15:39).

가문의 혈통과 로마 시민권자라는 신분, 가말리엘 문하생이라는 자부심은 아예 교만을 품고 살 만한 조건들이었다. 그래서 바울은 "여러 사람이 육신을 따라 자랑하니 나도 자랑하겠노라"(고후 11:18)라고 말했다. 그것도 "기탄없이"(고후 11:17) 자랑할 수 있다고 했다. 서슴지 않고 자신 있게 자랑할 수 있다는 의미다. 그만큼 바울에게는 자랑거리가 많았다.

영적으로는 더 말할 나위가 없다. 그는 셋째 하늘을 다녀왔다. 한국 교회도 이런 말에 껌뻑 죽는다. 꿈에 무엇을 보았다고만 해도 뒤집어지는데 "직접 천국을 보았다" "천국을 다녀왔다" 하면 천사처럼 바라본다. 그래서 이단이 나온다. 바울 역시 이런 체험을 자랑하며 천사인 양 행세할 수 있었다. 그러면 바울에 대해 천사 숭배가 나오고, 이단이 출현하고, 이단 교주 수준으로 추앙받으면 당연히 교만으로 나아가게 된다.

교만은 자기 숭배의 다른 형태다. 교만은 하나님의 영광을 가로채는 것으로, 하나님이 가장 싫어하신다. 하나님은 이에 육체의 가시를 주어 교만을 예방하신 것이다. 그래서 바울은 천국을 다녀온 사실을 말할 때도 '내가'라는 표현을 쓰지 않고 '그가' '이런 사람이'라는 3인칭을 써서 자기를 숨겼다.

- 내가 그리스도 안에 있는 한 사람을 아노니 그는… 내가 이런 사람을 위하여 자랑하겠으나 나를 위하여는 약한 것들 외에 자랑하지 아니하리라
  고후 12:2, 5

육체의 가시가 만들어 낸 겸손이다. 가시가 고통만 아니라 교만까지도 누르고 있었던 것이다. 이 사실을 안 순간, 바울은 '하나님의 은혜구나!'라고 깨닫고 가시를 기뻐했다. 자기와 같은 사람에게는 가시가 있어야 한다는 사실을 알았기 때문이다. 그래서 그 가시를 하나님의 축복으로 알고 기뻐했다. 대단한 이해력이요, 수용의 신앙이다.

또한 바울은 자신의 약함에서 하나님의 능력이 나오기에 기뻐했다. 그는 안질, 간질, 말에 졸함 등의 결함을 지녔고, 공권력도, 교단의 힘도 없었다. 그러나 그가 전한 복음 앞에 에베소, 빌립보, 고린도 도시들이 영적으로 항복했다. 그것은 바울 자신의 힘이 아니었다. 바울 속에 임재하신 예수님의 능력이 그를 견디게 했고, 담대하게 만들었다. 성령이 듣는 이들의 마음을 열어 복음을 받아들이게 하셨다.

● 내 은혜가 네게 족하도다 이는 내 능력이 약한 데서 온전하여짐이라

고후 12:9

하나님의 응답을 듣는 순간, 바울은 깨달았다. 그것은 거절의 응답이 아니며, 몰랐던 것을 알려 주신 응답이라는 사실 말이다.

'아, 내가 약할 때 하나님은 더욱 능력을 주시고 하나님을 의지하게 하셨구나. 그래서 내가 강하게 쓰임 받을 수 있었구나.'

그래서 바울은 감사했다. 하나님께 육체의 가시를 빼 달라고 기도했던 바울은 하나님의 응답을 받은 후 더 이상 가시의 고통을 말하지 않고, 가시 때문에 받게 된 은혜를 말했다.

누구에게나 가시는 있다. 기도해서 없어질 가시라면 기도하고, 기도해도 없어지지 않을 가시라면 은혜의 통로로 만들자. "내가 약했기에 하나님께 더욱 능력을 공급받았다" 하는 간증을 만들어 내자.

조개에 이물질이 들어오면 어떤 조개는 뱉어 버린다. 그러면 조개 값의 가치밖에 나가지 않는다. 그런데 어떤 조개는 이물질에

연한 속살이 아프지만, 그 상처를 품고 견디다 진주가 된다. 우리 인생의 가시도 기도를 통해 진주로 만들어 내자. 가시가 만들어 내는 기도는 센 기도다.

28장

하나님의 주권에 오롯이 순복하다:
성도들의 아멘 기도(고후 1:20)

몇 년 전 필자가 섬기는 교회의 사역 주제는 “아멘 신앙으로 바로 믿고 바로 살자”였다. 아멘으로 잘 믿고 잘 살려면 ‘아멘’(Amen)이 무엇인지를 알아야 한다.

주일학교 학생이 교사에게 “아멘이 뭐예요?” 하고 물었다. 그 질문에 교사는 “그건 기도가 끝났다는 신호야!”라고 답했다. 물론 모든 기도는 “아멘”으로 마감하고 눈을 뜬다. 그러나 아멘은 기도가 끝났음을 나타내는 단어가 아니다. 아멘은 성경의 고유한 언어이자 그리스도인이 신앙을 고백하는 능력의 언어다.

아멘은 ‘그렇다’라는 뜻의 히브리어 ‘아만’에서 파송된 단어다. ‘아만’의 뜻은 ‘동의합니다’ ‘지금 하시는 말씀에 동의합니다’ ‘지금 말씀이 지당합니다’ ‘믿습니다’ ‘그렇게 되기를 소원합니다’ ‘아직은 이루어지지 않았지만 그 말씀을 믿습니다'라는 신앙적 기대감의 표시다. 또한 '그렇게 하겠습니다'라는 결단의 선포이기도 하다.

구약 성경에서 아멘은 '그렇게 될지어다'라는 뜻의 감탄사로, 다른 사람의 메시지나 명령에 동의할 때(신 27:15-26), 맹세나 서약(왕상 1:36)에, 시편을 낭독한 후 그 말씀에 동의한다는 뜻으로 찬양 끝에, 혹은 신앙 고백을 끝맺을 때 사용했다(시 41:13, 72:19). 그러므로 성경 말씀을 읽을 때마다 '아멘!' 하는 것은 마른 생선을 지금 막 잡아 올린 싱싱한 생선으로 대한다는 고백과 같다.

유대인 회당에서는 예배 때 기도 인도자가 소망을 말하거나 찬양대가 "하나님은 복되시다"라고 노래하면 회중이 "아멘"으로 화답했다(대상 16:36; 느 8:6). 우리와 비슷하게 사용되었다.

아멘은 믿음을 말한다

성경 66권의 장대한 분량의 마지막은 "아멘"으로 끝난다!

- 주 예수의 은혜가 모든 자들에게 있을지어다 아멘 **계 22:21**

아멘이라는 단어로 성경을 닫았다는 것은 성경은 '아멘' 책이라는 의미다.

- 태초에 하나님이 천지를 창조하시니라 **창 1:1 아멘!**
- 모든 사람이 죄를 범하였으매 하나님의 영광에 이르지 못하더니 **롬 3:2 아멘!**
- 주 예수를 믿으라 그리하면 너와 네 집이 구원을 받으리라 **행 16:31 아멘!**
- 다른 이로써는 구원을 받을 수 없나니 천하 사람 중에 구원을 받을 만한 다른 이름을 우리에게 주신 일이 없음이라 **행 4:12 아멘!**

아멘은 하나님과 하나님이 하신 일에 대해 내가 믿는다는 도장이요 사인(sign)이다. 사인이 없으면 아무리 좋은 계약도 내 것이 될 수 없다. 창세기부터 요한계시록까지, 천지 창조부터 모든 사실, 구원해 주신 하나님의 섭리와 은혜, 십자가의 보혈을 통한 죄 사함과 은총, 이 모든 것을 이성으로 판단하지 말고 "아멘! 어린아이와 같이 믿습니다. 아멘!" 하는 신앙을 가져야 구원받고, 하나님의 사랑과 은혜를 입고, 성경의 모든 능력을 끌어다가 사용할 수 있다.

아무리 좋은 말씀과 감동이 되는 설교라 해도 고개만 끄덕일 뿐 내가 입으로든, 마음으로든 "아멘, 아멘!" 하지 않으면 머리에서 가슴으로 내려오지 못한다. 그렇다 보면 가슴에서 진정한 고백이 흘러나오지 않는다. 마음과 입에서 "아멘!" 하고 나오는 고백만이 구원을 받게 하고 능력을 접수하게 한다.

● 사람이 마음으로 믿어 의에 이르고 입으로 시인하여 구원에 이르느니라

롬 10:10

아멘 신앙은 구원만 아니라 하나님의 절대적인 주권을 인정하는 순종을 말한다(고후 1:20). 아브라함은 집을 떠나 하나님이 인도하시는 땅에서 국가와 민족을 세우라는 부르심에, 성경에 단어가 명시된 것은 아니지만 "알겠습니다", 즉 "아멘" 했다. 아들 이삭을 바치라고 하셨을 때도 "아멘"으로 순종했을 것이다. 아브라함의 신앙은 아멘 신앙이다.

노아는 하나님이 방주를 지으라고 하실 때 생뚱맞은 명령이었지만 "아멘" 했다. 온 가족이 "아멘" 하는 순종의 신앙을 보였다. 아

멘 신앙이 노아의 가정을 살렸고 세계를 살렸다.

아멘은 "네!" 하는 신앙이다. "네!" 하는 신앙으로 그들은 "아멘!" 하여 하나님께 영광을 올려 드렸다. 그래서 바울은 고린도 교회에도 그리하라고 권면했다(고후 1:20).

아멘은 설교의 추임새다

아멘은 설교에서 "네, 알겠습니다. 믿습니다"라는 고백과 함께 설교자와 청중 사이에 일종의 맞장구 역할을 한다. ('맞장구'라는 말에 오해 없기를 바란다.) 신명기에서 근거를 찾아볼 수 있다.

- 아멘 할지니라 신 27:24-26

아멘을 두 번 연속적으로 하는 경우도 있다.

- 이스라엘의 하나님 여호와를 영원부터 영원까지 송축할지로다 아멘 아멘 시 41:13
- 그 영화로운 이름을 영원히 찬송할지어다 … 아멘 아멘 시 72:19
- 여호와를 영원히 찬송할지어다 아멘 아멘 시 89:52

"아멘 아멘"은 "옳습니다, 옳고요" "맞습니다, 맞고요"처럼 동의, 공감이면서 응원, 추임새 역할을 한다. 추임새를 넣는 말 중에는 '아멘'과 비슷한 '아먼'도 있다. 아먼은 상대방에게 대답하는 감탄사로서, '그럼' 또는 '아무렴'을 뜻하는 말이다.

추임새는 '위로 끌어올리다'라는 뜻의 '추어주다'(추켜 주다)에서 유래한 것으로, '얼씨구' '얼씨구야' '얼쑤' '좋다' '잘한다' '그러지' 등의 응원가로 쌍방의 맞장구다. 특히 판소리는 소리꾼과 청중 사이에 이루어지는 상호 교감이 분위기를 좌우한다. 소리꾼이 창(唱)을 하면 옆에 있는 고수(鼓手)가 북과 소리로 맞장구를 치며 흥과 진행을 돕는다.

설교는 일종의 선포다. 일방성을 띤다. 그러나 설교에도 중간마다 "아멘 아멘. 맞습니다. 그렇습니다"라는 추임새적인 "아멘"이 상당히 중요하다. 회중이 "아멘"으로 화답하면 설교자는 더욱 힘이 생기고 강력한 말씀을 선포하게 된다. 그것은 마치 아이가 엄마 젖을 빨면서 방긋 웃어 주거나 쪽쪽 소리를 내며 먹는 것과 같다. 엄마는 얼마나 행복하고 신이 날까. 그러다 보면 젖이 더 풍성하게 잘 나올 것이다. 아이는 엄마의 풍성한 젖을 먹으며 더 건강하게 자란다.

설교에서 회중의 아멘 화답은 훌륭한 추임새다. 과도한 "아멘" 소리는 설교의 흐름에 방해가 되고 회중에게 민폐가 된다는 점은 주의해야 한다.

설교에만 "아멘" 추임새가 필요할까? 세상이나 교회나 추임새가 필요하다. "그랬어?" "잘했네!" "너무 좋네!" 등과 같은 추임새, 이와 같은 아멘 신앙이 체질화되어야 한다. 안 좋은 일에 추임새를 넣고 맞장구를 치면 교회는 이미지가 구겨지고, 당사자는 마음이 삐딱하기에 구원의 즐거움이 사라지고, 자원해서 일하는 기쁨이 없어진다. 좋은 추임새로 교회를 활성화해야 한다.

아멘은 주권에 대한 인정이다

아멘은 하나님의 주권에 대한 인정이다. 하나님의 말씀에 "아멘" 할 때 아픔과 고통을 동반한다. 큰 시련을 겪게 되었을 때 내게 안 좋은 상황에서도 "하나님, 알겠습니다. 그렇게 할게요"라고 동의하는 것이 바로 아멘 신앙이다. 아멘 신앙은 하나님 절대 의존 신앙 고백이다.

아론 대제사장의 아들 나답과 아비후는 여호와 앞에 분향하는 제사 의식을 주관하다 불경해서 그 자리에서 즉사했다. 그 죽음에 대해 모세가 하나님은 거룩하신 분이고 그 거룩한 영광의 수호를 위해 나답과 아비후가 죽었다고 말했을 때 아론은 잠잠했다(레 10:1-3). 그것이 아멘이다. 아프고 슬프지만 아무 말도 못하고 "하나님, 알겠습니다" 하는 것이 아멘 신앙이다.

모세는 신광야 가데스에서 백성들 앞에 분노를 터트렸다. 하나님이 이를 문제 삼아 모세에게 하나님의 거룩을 나타내지 못했으니 가나안에 들어가지 못한다고 하셨을 때 모세는 가타부타 말을 하지 않았다(민 27:12-17). 하나님의 처사가 너무 야속하고 쇼크 상태가 올 일이었지만 모세에게는 아멘 신앙이 있었다. 그래서 잠잠함으로 수용했다.

욥은 또 어떠한가? 엄청난 인생의 고난과 시련 가운데서도, 특히 10명의 자녀가 한날 몰사했을 때조차 "주신 이도 여호와시요 거두신 이도 여호와시오니 여호와의 이름이 찬송을 받으실지니이다"(욥 1:21)라고 고백했다. 이 고백은 "주님이 하시는 일은 항상 옳습니다"라는 아멘 신앙이다.

마리아는 동정녀의 몸으로 잉태한 사실을 알았을 때 그 일이 매타작감이고 처형감이라는 사실을 알았다. 그럼에도 그녀는 하나님이 구세주를 보내시는 은총의 통로로 자신이 선택받았음을 알게 되었을 때 "주의 여종이오니 말씀대로 내게 이루어지이다"(눅 1:38)라고 고백했다. 이 고백이 아멘 신앙이다.

아멘 신앙은 이렇게 아픔과 고통이 있는 고백이다. 자신을 희생하면서라도 하나님의 영광을 드러내고자 하는 거룩한 신앙 고백이 바로 아멘 신앙이다. 그렇기에 믿음은 번영과 형통에서 드러나는 것이 아니라, 시련과 고난에서 그가 "아멘" 하는가, "아멘" 하지 않는가로 드러난다. 당장 눈앞에 해답이 없음에도 주님의 뜻이 있음을 믿고 "아멘" 고백으로 가는 것이 진정한 신앙이다.

우리는 아멘 신앙으로 재무장해야 한다. 아멘은 하나님이 주신 큰 선물이요, 보물이다. 아멘 보물을 대할 때 별 생각 없이 가볍게 하지 말고, 무게 있고 확신 있게 해야 한다. 아멘은 신앙을 고백하고 결심을 보이는 것이기 때문이다.

우리 믿음에 아멘 신앙으로 풍년이 들기를 기도한다. "아멘"을 많이 해서 아멘 신앙으로 하나님께 영광을 올리고, 심령이 물 댄 동산이 되기를 소원한다. 그래야 산을 움직이는 센 기도가 나온다. 할렐루야! 아멘!

에필로그

"그래도,
기도만이 답이다"

사회적 거리두기가 예배와도 거리두게 했다

2019년 12월 중국 우한에서 처음 발생한 코로나 바이러스 감염증-19(COVID-19)가 이듬해 초 우리나라에 상륙할 때만 해도 전염병의 세계적 대유행, 팬데믹이 될 줄은 몰랐다. 코로나19는 유럽에서 발생했던 흑사병 이후 최대의 사망자 수를 기록하게 되었다.

코로나19는 신천지 대구교회의 집단 감염으로 확진자가 급증하면서 기하급수적으로 증가세를 보였다. 코로나19가 신천지 신자들을 숙주로 삼아 번져 나갈 때만 해도 한국 교회는 두려움과 함께 한편으로는 박수를 보냈다. 코로나19가 하루아침에 신천지의 실체를 드러냈기 때문이다.

그동안 신천지의 활약과 반사회, 반가정적인 탈선을 알면서도 누구도 건드리지 못했다. 도대체 신천지가 어떤 이단인지, 왜 이런 이단 단체에 사람들이 몰리는지 제대로 드러내지 못하는 사이에 신천지는 폭풍 성장을 해 왔다. 신천지에 자식과 배우자와 가정을 빼앗겨 청와대 앞에서 돌려 달라고 1인 시위를 하고, 신천지 건물 앞에서 피켓 시위를 해도 달걀로 바위를 치는 격이었다. 신천지에 대해 정부도, 누구도 어떻게 할 수가 없었고, 한국 교회는 신천지가 우리 교회에 위장 잠입하지 못하도록 신자들을 관리하는 차원에 급급했다.

그런데 코로나19가 신천지를 숙주로 삼아 대한민국 앞에 정체를 드러냈고 교주 이만희 씨가 온 국민 앞에 두 번이나 큰절을 올리는 상황까지 몰렸다. 신천지는 기사회생이 어려울 정도로 핵폭탄급 비판 여론에 만신창이가 되었다.

여기까지는 좋았다. 그러다 코로나19 확진자 수가 증가하면서 처음부터 한국 교회를 정조준했다는 사실을 알았을 때는 이미 늦었다. 코로나19는 철저한 주일 성수로 무장해 왔던 한국 교회의 주일 예배를 순식간에 흔들어 버렸다. 교회들이 자진해서 예배를 중단하고 예배당을 폐쇄했다. 누구 하나라도 감염되면 파국 효과가 컸기에 예배 중단과 예배당 폐쇄는 고육지책(苦肉之策)이라 이해하면서도 아쉬움이 컸다.

이후에 예배가 축소되고 중단되기를 반복하고, 사회적 거리 두기 단계가 격상될 때마다 행정 명령으로 프로그램들이 멈추었으며, 모임들은 올스톱 상황이었다. 그야말로 '한 번도 경험해 보지 못한 대한민국'과 함께 '한 번도 경험해 보지 못한 교회생활'이었다. 한국 교회는 전체적으로 볼 때 방역에 모범이었지만, 100명 이상의 대규모 확진자들이 교회나 선교회에서 나왔기에 마치 교회가 진원지처럼 보여 무차별적으로 공격당했고, 교회도 할 말이 없게 되었다.

지금까지 인류 역사는 예수 그리스도의 탄생을 중심으로 주전과 주후로 나뉘었지만, 앞으로 세상은 코로나19 이전과 이후로 나뉠 것이라는 예측이 있다. 이는 코로나19가 우리가 알고 있는 세계를 완전히 바꿔 놓을 것이라는 비관적 전망을 배경으로 한다.

미국 외교 전문 매체 〈포린폴리시〉도 국제 정세 전문가들을 인용해 “코로나19 팬데믹은 세계를 영원히 바꿔 놓을 것”이라 보도했다. 베스트셀러 작가인 유발 하라리(Yuval Noah Harari)는 영국 〈파이낸셜타임스〉 기고에서 “코로나19 위기를 맞아 인류는 특별히 중요한 선택의 갈림길에 섰다”라고 말했다. 글로벌 트렌드 및 국제 비즈니스 전략 분야의 세계적인 전문가이자 펜실베이니아대학교 와튼 스쿨 국제경영학 교수 마우로 F. 기옌(Mauro F. Guillen)은 《2030 축의 전환》(리더스북, 2020)에서 “10년 후 지금의 세상은 없다!”고 전망했다.

한국 교회는 어떨까? 과연 코로나19 이전으로 돌아갈 수 있을까? 쉽지 않아 보인다. 그만큼 한국 교회 생태계 역시 코로나19 이전과 이후로 신앙생활 전반, 목회 전반이 바뀔 것이다. 특히 예배와 교회생활에 대한 신자들의 자세에 지각 변동이 일어날 것이다. 코로나19 감염체는 단순한 바이러스 균이 아니라 인공지능(AI)을 지닌 인격체처럼 보인다. 교회를 주 타깃으로 사탄이 총공세를 하는 느낌이다. 코로나19가 교회를 너무 잘 알고, 교회생활에 대해 어디가 강점이고 어디가 취약점인가를 손바닥에 놓고 들여다보는 것 같아서다.

코로나19는 특히 예배를 겨냥한다. 교회는 예배가 생명이다. 생명과 같이 귀한 예배가 정부의 행정 명령으로 축소되거나 중단되기를 거듭했다. 교회는 대안으로 이름도 들어 본 적 없는 소위 비대면 예배, 영상 예배를 드렸다.

비대면 예배라 하더라도 두 가정이나 세 가정이 모여 예배하면 어느 정도 예배의 형식을 갖추고 은혜를 누릴 수 있다. 사회적 거리 두기 2단계 이전일 때 방역 지침을 준수한 가운데 구역원끼리 모여 예배하면 훨씬 예배다움을 갖추게 되고 은혜와 친교가 동시에 이루어졌을 텐데 한국 교회가 코로나19 초기에 이 일을 하지 못했다. 너무 서두르다 초동 대응에 실패한 것이다.

코로나19로 시작된 대면 예배와 비대면 예배는 두고두고 갈등의 원인이 될 것이다. 예배학자 정장복 박사(한일장신대학교 명예총장)는 교계 언론과의 인터뷰에서 이런 생각을 밝힌 바 있다.

"오늘의 (비대면) 현장은 총탄을 피해 온라인으로 잠깐 피신하는 예배 장소 변경으로, 거기까지는 찬성했다. 비대면 예배의 장점도 물론 있다. 하지만 지금 너무 오랜 시간 온라인으로 예배드리다 보니, 몹시 두려운 미래가 눈앞에 보이고 있다. 특히 예배학을 전공한 교수로서 '이러면 안 되는데' 하는 부분이 있다."*

정 박사는 하나님은 지금도 '참 예배자들' '예배 우등생'을 찾고 계시는데 비대면 예배로는 '예배 우등생'이 되기는 쉽지 않다고 말하면서 이렇게 경고했다.

"총탄을 피하려고 일시적 피난처로 온라인 예배를 수용했지만, 자신도 모르게 예배하는 공동체에서 이탈하는 결과를 초래한다면 장래는 암담하다. 예배를 통해 하나님이 찾으시고 반기시는 대상이 되려는 성도들의 대열이 흐트러지고 나약해지는 훗날이 올까 두렵다."**

임시 대안으로 시작된 비대면 예배가 어엿한 주일 예배로 둔갑하면서 예배의 본질이 흐려질 것이라는 점, 그 흐름을 막을 수도 없다는 것이 대다수 목회자들의 딜레마다.

---

* 크리스천투데이(2021.1.1.)

** 크리스천투데이(2020.11.18.)

끊임없는 기도 없이 기름 부음은 없다

예배가 기독교의 본질이라면 교회 부흥과 신자들의 믿음 성장과 체험은 찬송과 기도의 힘이다. 그러나 2년이 다 되도록 찬송이 마스크에 가려진 입 속에서만 맴돌고, 마스크로 가려진 입술의 기도는 밖으로 나오지 못하고 머릿속에서만 떠돌고 있다. 그러니 열정과 야성이 죽어 버린 찬송시와 기도문이 되었다. 골리앗 앞에서 막사로 숨어들었던 사울과 그의 군사들처럼 한국 교회는 코로나19에 대한 두려움으로 떨고 있다. E. M. 바운즈의 말이 어느 때보다 강하게 들려온다. 바운즈는《기도의 능력》에서 이렇게 말한다.

"오늘날 교회가 필요로 하는 것은 더 많은 기계나 더 좋은 기계도 아니요, 새로운 조직도 아니요, 기발한 방법도 아니다. 교회가 필요로 하는 것은 성령이 쓰실 수 있는 사람, 즉 기도의 사람, 기도에 능한 사람이다. 성령은 방법을 통해서 흘러나오지 않고 사람을 통해서 역사하신다. 성령은 기계에 임하지 않고 사람에게 임하신다. 성령은 계획에 기름을 붓지 않고, 사람에게 그것도 기도의 사람에게 기름을 부으신다."

끊임없는 기도 없이는 기름 부음이 결코 임하지 않는다는 말이다. 그는 이어서 이렇게 말한다.

"진정한 하나님의 사람들의 습관에 견주어 볼 때 우리의 기도는 얼마나 초라하고 유치한가! 기도를 자신의 주된 일로 생각하고, 기도를 중요하게 여기는 만큼 기도에 시간을 바치는 사람들에게 하나님은 천국의 열쇠를 맡기신다. 그들을 통해 세상에서 그분의 영적인 이적을 행하신다. 위대한 기도는 위대한 하나님의 지도자라는 표이며 인증이다. 동시에 그것은 그들의 수고에 대해 하나님이 씌워 주실 승리의 면류관에 대한 보증이다."

조지 뮬러는 63년간 1만 명의 고아들을 먹이고 보살폈다. 한 번도 누구에게 손을 벌려 도움을 요청하지도 않았다. 아이들을 굶기지 않기 위해 계속적인 도움이 이어졌다. 그 비결은 바로 '기도'였다. 그는 "이 세상에는 단 하나의 빈곤이 있을 뿐이다. 그것은 기도의 빈곤이다"라면서 그의 책 《조지 뮬러의 기도》(브니엘, 2018)에서 이렇게 권한다.

"하지만 스스로의 공적을 조금이라도 의지해서는 안 된다. 하나님으로부터 축복을 받을 수 있도록 최선을 다해 기도하라. 하지만 그와 동시에 있는 힘을 다하고, 가능한 한 인내하고 참으면서 일해야 한다. 먼저 기도하고 나서 일하라. 그렇게 한평생 노력하라. 그러면 마침내 놀라운 축복을 누리게 될 것이다. 결실은 많고 적을 수 있지만 그런 자세로 노력하게 되면 축복을 받게 될 것이다. 모든 일이 자신의 노력에 달려 있는 것처럼 주님을 역시 알려야 한다. 하지만 여러분의 노력이 결실을 거두게 하시는 주님 안에서 동료와 동료 그리스도인들을 도와주어야 한다. 하나님은 즐겨 축복하시지만 대개는 진심이 담긴 믿음의 기도에 근거하신다는 사실을 명심해야 한다."

사랑하는 늘빛교회를 40년 가까이 섬기고 있다. 개척해서 지금까지 좋은 분들과 함께 분란이 없이 달려왔다. 내 목회 분량에는 분에 넘치게 좋은 목회 현장과 성도님들이 들어 있다. 목회 성공(?)의 비결을 묻는 말에 한경직 목사님은 한마디로, "사람을 잘 만나야 한다"고 하셨다. 그 말에 100퍼센트 동의한다. 참 좋은 분들을 만났다. 하나님이 왜 내게 이처럼 좋은 분들을 만나는 복을 주시고 목회적인 축복을 주시는 것일까? 거기에 무슨 조건이 있을까마는, 이런 자문 앞에 늘 떠오르는 간증 같은 추억이 있다.

초등학생 시절인가, 중학생 때인가, 오래되어 가물가물하다. 엄청난 태풍이 몰려왔다. 제주도 우리 시골 예배당은 초가집이었다. 담임 교역자가 없었기에 집사님이 설교하셨는데, 태풍에 내 집 간수를 하느라 누구도 예배당까지 살필 겨를이 없었다. 나는 '이러다가 예배당 지붕이 모두 날아가겠다' 하는 걱정이 들자 비를 맞으며 예배당으로 달려갔다. 초가 지붕의 억새들이 바람에 날려 난리였다.

어디에서 그런 용기가 났을까. 폭우를 동반한 태풍이 몰아치는데 예배당 지붕으로 올라갔다. 태풍에 휩쓸려 떨어지면 크게 낙상을 한다. 그럼에도 용케 지붕 위로 올라가 바람에 날리는 억새를 온몸으로 붙들었다. 남들이 보면 어린 것이 뭐에 쓰인 사람처럼 보였을 것이다. 빗물에 섞여 뜨거운 눈물이 흘러내렸다. 왜 그랬는지 이유도 없이 너무 슬펐다. 예배당 지붕에서 펑펑 울면서 "하나님, 우리 예배당 지켜 주세요. 우리 예배당 지켜 주세요!" 하고 기도했다.

그때 내 눈물과 정성이 하나님을 평생 감동시킨(?) 것 같다. 아마도 그때 하나님이 내게 이렇게 말씀하셨을 것이다.

"네가 나를 지켰으니 나도 너를 지켜 줄게. 네가 내 집을 지켰으니 나도 네 집을 지켜 줄게. 네가 내 예배당을 지켰으니 나도 네 예배당을 지켜 줄게. 네 눈물을 내가 받았다!"

목회하면서 늘 "내게 부족함이 없다" "내 잔이 넘치나이다!"라는 자족(自足)의 은혜를 누리는 까닭은 예배당 지붕 위에서 해 주신 약속을 하나님이 지키셨기 때문이라고 믿는다.

기도가 답이다. 기도만이 무너지고 있는 한국 교회를 바로 세울 수 있다. 코로나19를 시작으로 언제 어디에서 날아올지 모르는 전염병의 쓰나미에서 한국 교회를 지켜 내는 것은 기도밖에 없다. 누구는 "옷을 만드는 것은 재단사의 일이고, 구두를 수선하는 것은 구두 수선공의 일이고, 기도하는 것은 그리스도인의 일이다"라고 말한다.

그리스도인은 예배 안에서 하나님과 교제를 누린다. 말씀으로 하나님의 뜻을 알고, 찬송으로 하나님의 영광을 노래하고, 기도로는 하나님의 능력을 공급받는다. 3가지 요소가 정상적으로 작동되지 못하고 있다면 우리의 믿음은 공회전으로 믿음의 에너지를 낭비하게 된다. E. M. 바운즈는 《기도의 능력》에서 이렇게 말한다.

> "하나님과 함께 많은 시간을 보내는 것은 성공적 기도의 비결이다. 강한 능력을 느끼게 하는 기도는 직접적 혹은 간접적으로 많은 시간을 하나님과 교제한 데서 오는 산물이다. 홀로 하나님과 더불어 많은 시간을 갖는 것이 그분을 아는 비결이요, 그분의 영향을 받는 비결이다."

예수 그리스도는 세상을 이기셨다(요 16:33). 세상이 얼마나 센가. 그 강력한 세상을 이기신 분이라면 우리 예수님은 얼마나 더 강력한 분이신가! 우리는 예수님의 제자다. 강력한 것에서 강력한 것이 나오고, 강력한 사람에게서 강력한 사람이 나온다. 우리의 강함은 강한 기도를 통해 강력하게 흘러나간다.

사탄은 기도하는 그리스도인을 가장 꺼림칙해한다. 그래서 《겸손》의 저자 앤드류 머레이(Andrew Murray)는 "하나님의 자녀는 기도로 모든 것을 정복할 수 있다. 사탄이 교인들에게서 이 무기를 빼앗거나 그것의 사용을 제지하려고 최선을 다하는 것은 이상한 일이 아니다"라고 말한다. 세상이 그리스도인들의 기도를 무서워해야 한다. 세상 사람들의 눈에 기도가 미사일이 되어야지, 솜방망이처럼 보여서는 안 된다.

한국 교회가 지녀야 할 가장 강력한 기도 불이 지금 풍전등화(風前燈火) 상태다. 풍전등화 신세가 되어 버린 한국 교회의 오늘은 기도의 불씨가 식으면서 이미 시작되었다. 한국 교회의 기도는 '센 기도'가 아니라 '쉰 기도'가 되어 가는 중이다. 아무리 좋은 쌀로 지은 밥도, 최고급 반찬도 쉬어 버리면 소용이 없다. 아무리 좋은 양복도 좀이 슬어 버리면 값이 나가지 않는다.

우리 기도가 '쉬'었다면, '쉬'고 있다면, 그래서 '왕년의 기도'라는 꼬리표가 붙었다면 그것은 총알이 없는 권총이고, 미사일이 장착되지 않은 전략 폭격기에 불과하다. 탄알이 빈 권총과 미사일이 없는 폭격기에 항복할 적들은 없다. 우리 신앙에 기도 미사일이 제대로 장착되어 있는지, 제때 발사할 버튼에는 이상이 없는지 늘 경계 태세를 게을리하지 말아야 한다.

'영혼의 작가'로 널리 알려져 있는 켄 가이어(Ken Gire)는 기도 이후의 시간에 더 큰 관심을 보이라고 조언을 한다.

> 기도는 그것에서 끝나서는 안 된다. 그것은 시작이며, 말하자면 물을 퍼 올리기 위해 먼저 펌프에 쏟아 붓는 한 바가지의 물과 같은 것이다. 그래서 당신의 삶이라는 우물에서 끌어올린 기도의 언어들이 당신의 가슴에 차고 넘쳐 그분에게 흘러가기를 바라는 것이다.***

기도를 잃은 성도들이 기도의 불씨를 다시 태우게 되기를

기도에 상처가 있었던 내 영성으로 기도에 관한 책을 쓰기에는 많이 민망하다. 그래서 내 이야기가 아니라 성경 인물들의 기도를 쓰고 있다. 그들은 하자도 많았지만, 기도 무기로 전쟁에서 이겼고, 자신의 운명을 개척했고, 해와 달을 정지시켰고, 바다를 가른 사람들이다. 인생의 역전도 기도로 이루어 낸 사람들이다.

나는 기도 선수가 아니라 잠시 기도 코치로 서 있다. 코치는 '개인생활이나 직장생활, 그리고 여러 분야에서 현재의 어려움을 스

*** 켄 가이어, 《주님을 만나는 기쁨》(디모데. 1999)

스로 깨닫고 그것을 극복해 나가는 방법을 찾는 과정을 도와주는 사람'이다. 스포츠의 경우, 선수보다 잘해서 코치가 아니다. 실력 자체는 선수가 훨씬 우수하다. 그럼에도 선수의 기량을 키워 주는 데 도움이 된다면 그가 코치다.

잘하든 못하든 50여 년을 새벽 기도를 했고 그만한 세월 동안 철야 기도와 기도원 기도와 젊은 시절에는 산 기도를 해 왔다. 자랑질이 아닌 것이, 우리 시절의 목회자들은 대부분 그렇게 기도생활을 해 왔다. 그 50년의 기도 세월을 이력 삼아 잠시 코치 노릇을 해 보았다. 성경 인물들의 기도 열전에서 기도에 응답하시는 하나님을 독자들이 바라볼 수 있었다면 그만으로도 코치 노릇을 좀 했다고 기쁨으로 삼을 수 있겠다.

오랜 세월 함께 기도해 온 늘빛교회 장로님들과 권사님들, 안수집사님들, 성도님들에게 이 책을 바친다.

"정말 고맙습니다."